계절탁자와
창 꾸미기

계절탁자와 창 꾸미기

교실과 거실의
공간 변화를 위한
교사와 학부모
지침서

김용근 엮음

아크루파이

차례

머리말

가르침의 참된 권위는 교사의 예술성에서 나온다. 예술감성 관련 수업이 좋은 수업을 이루어내기 위해서는 주변 환경의 도움이 필요하다. 교실공간혁신이 밑바탕이 된다면 더 좋은 수업을 이루는 것은 어렵지 않다. 이에 대한 검증은 지난 2년동안 온라인 비대면연수라는 한계 속에서도 멋지고 훌륭하게 실천하신 연수 참여 선생님들의 결과물이 말해주고 있다. 요즘 교실공간혁신이 유행처럼 떠돌고 있는데, 무엇을 어떻게 해야 하는지에 대한 분명한 이해가 부족해 보인다. 계절주기에 따른 색상에 대해서는 둘째치더라도 아이들 발달단계를 생각하지 않고 겉치레한 것들로만 요란하게 꾸며놓고 마치 미래교육의 본보기인 것처럼 떠들고 있다. 관련 책들도 마찬가지다. 학교공간에 대한 혁신은 아이들 발달단계에서 출발해야 올바른 대안이 될 수 있다. 그렇지 않다면 대학교수나 기업체의 돈벌이 대상에 지나지 않고, 그에 대한 피해는 고스란히 교사들과 아이들의 몫이다.

교실공간혁신은 아이들 발달단계에서 출발해야 하는데 중요한 것은 무엇보다 교육을 예술처럼 이해하고 실제로 행할 수 있는 교사이다. 교육을 예술이라고 하는 이유는 예술이 가지고 있는 중요한 특징인 부분에서도 전체를 느낄 수 있다는 통합성 때문이다. 교육이 예술로 피워 나기 위해서는 먼저 교사 자신이 풍부한 예술성을 가지고 자기 자신을 예술가로서 깨어나는 것이 그러기 위해서는 열정이 필요하다. 칠판그림 수업을 하는 것도, 계절탁자를 꾸미는 것도, 창 꾸미기를 하는 것도 모두 열정(enthusiasm)이 있어야 가능하다. 열정이 있다면 컴퓨터 마우스 클릭 수업이나 교육사기업체 쇼핑몰에 의존하지 않고도 날마다 감동을 주는 수업을 해낼 것이다. 따라서 더 좋은 수업을 꿈꾸는 교사라면 먼저 사람과학생(아이들) 본성에 대한 인식(발달론, 기질론, 12감각) 두번째는 세상(우주) 본질(계절변화, 절기)에 관한 인식을 해야 한다. 다시 말해 교사가 사람과 세상에 대해 친밀하고 살아있는 관계를 맺는 것은 인지학에 기초를 둔 교육과정에 대한 올바른 이해로 가능하다고

할 수 있다. 또한 진정한 예술가로서 현재 교사는 교실 공간뿐만 아니라 더 나아가 학교가 살아 숨 쉬는 유기체로 만들어 주는 역할을 해야 한다.

아이들의 창의성을 이끌어내기 위해서는 교육내용도 중요하지만 교육 환경도 이에 못지않게 중요하다. 예술이 살아있는 교실공간은 과연 꿈이고 희망 사항인가. 교실공간혁신은 <계절탁자 꾸미기>와 <창 꾸미기>에서 시작한다. 수업이 핵심일 수 있지만 수업이 성공하기 위해서는 무엇보다는 계절주기와 아이들 발달단계에 맞는 교실환경구성이 필요하다. 교육사기업체 쇼핑몰에서 제공하는 소품이나 교사의 입맛대로 교실환경을 구성하는 것이 아니라 아이들 발달단계에 우선하는 교실환경을 구성해야 한다. 계절탁자 꾸미기는 담임교사의 교육철학을 엿볼 수 있는 것이다.

가르침에서 깨달음이란 무엇을, 어떻게, 왜, 가르쳐야할지, 아이들 발달단계에 따라 어떤 교육내용을 가르쳐야하는지에 대한 원론적인 자기고민들을 새롭게 다시 해본다면 가르침이라는 것이 정말 어렵고 힘든 일이라는 것을 알게 된다. 교육은 근본과 실천에 충실해야 한다. 단순히 틀에 박힌 교과서 내용을 잘 전달한다고 가르침의 소임을 다 한 것은 아니다. 아이들이 지금 무엇을 원하고 있는지 아이들 처지에서 꼭 필요한 삶의 지혜가 무엇인지를 일깨워주는 가르침이 필요하다.

교실에 꽃도 아이들 발달단계에 맞게 꾸며 놓아야 한다. 아무 꽃 화분을 놓아서는 안된다. 초등 저학년의 경우, 3-4월 초까지는 알뿌리식물 꽃 중심인 수선화, 히아신스, 튤립—순으로 꾸며 놓는다. 그 다음에 줄기-잎 식물순이다. 이것은 이 시기 아이들의 특성을 잘 반영한 교실 환경 구성이다. 그래서 초등 저학년 담임은 누구나 할 수 있어도 아무나 할 수 없는 '계절탁자 꾸미기'에 대한 깊은 이해가 있어야 한다.

아무리 예쁜 꽃이라 해도 아이들 발달단계에 맞지 않으면서 효과가 덜하다. 그래서 교실에 꽃화분을 놓을 때도 신중해야 한다. 물론 아이들의 발달단계에 대한 이해가 있다면 문제가 없겠지만 다른 학년들도 마찬가지다.

옛이야기나 동화도 계절에 맞는 것을 골라서 들려주어야 한다. 유치원(어린이집) 아이들이나 초등 저학년 아이들이 바깥 나들이 즉 산책을 하는 것은 자연의 변화에 대한 계절감각을 익히게 하는 것에 큰 도움을 준다. 아울러 교실에서 이루어지는 동화(옛이야기나 우화)도 계절의 분위기를 반영하는 내용을 골라서 들려주어야 한다. '추천 도서'라고 아무 것이나 들려주는 것은 오히려 아이들의 영혼을 해치게 한다. '창작 동화'의 경우 이야기속에 꼭 담겨 있어야 할 '정신성'은 거의 찾아볼 수 없다. 더구나 초등 국어 교과서에 실린 전체 작품들 또한 아이들 삶이나 발달단계에 맞지 않는 것이 대부분이며, '온작품읽기', '그림책읽기' 관련 책들에 소개된 내용들 역시 마찬가지다. 최소한 아이들의 발달단계에 맞거나 계절환경에 맞는 내용을 엮어서 무엇을 어떻게 왜 하는지에 대한 분명한 이해가 있어야 한다. 학년별 발달단계와 계절환경에 맞는 내용을 골라서 들려줄 때 아이들의 올바른 성장과 발달을 돕는다고 말할 수 있다. 교사대상 그림책 관련 강사들 경우 최소한 칠판그림으로 한 점이상씩 관련 내용을 그림으로 그려보는 것이 연수생에 대한 예의다. 그렇지 않고 입으로만 떠들다면 교육딴따라에 지나지 않는다.

<계절탁자 꾸미기>와 <창 꾸미기>는 교사의 교육철학이 고스란히 녹아 들어가 있다. 물론 초보자는 서툴지만, 이 역시 우리가 늘 이야기하는 사람에 대한 이해 즉 '발달론'에 대한 이해가 '아직은'이기 때문에 얼마든지 발전 가능성이 있다. 그래서 이러한 '계절탁자'가 없는 교실 환경을 떠올리면 이는 콘크리트 건물들로 둘러싸인 삭막한 환경과 같다. 그런 교실에서 아이들의 상상력과 예술 감성을 제대로 기대할 수가 없고, 있다고 하더라도 극히 일부분이거나 제한되어 있다. 교사자신을 위한 교실 환경이 아니고 우리

아이들의 교실이라는 것을 우리는 가슴속에 늘 새기고 있어야 한다. 이는 곧 삶이 되어야 한다는 것이다. 한 가지를 배워서 열 가지를 가르치는 교실이 아닌 열 가지를 배워서 그 가운데 가장 값진 것 하나를 가르치는 교실이 바로 아이들의 삶을 제대로 이해하고 가꾸는 것이다. 너무 요란한 학급운영이나 발달단계에 맞지 않는 가르침은 오히려 배움의 체증이 생길 수 있다.

<계절탁자 꾸미기>와 <창 꾸미기>는 명절, 축제, 24절기와 같이 계절의 변화와 밀접한 관련이 있다. 사람의 삶과 일을 결정하는 모든 날숨과 들숨, 지구의 사계절이 변함없이 순환하는 것에 따르는 것처럼 우리는 들숨과 날숨, 잠, 깨어 있으면서 봄과 여름은 빛의 기간, 팽창-수축, 바깥쪽으로 향함, 지구의 힘이 나타날 때 생기는 생명으로 이 경우 우리는 꽃봉오리, 개화, 성장 기간을 경험한다. 또한, 가을과 겨울에는 어둠의 기간, 수축(줄어듦), 집중, 안쪽으로 향하는, 어두움, 침묵. 이것은 지구의 힘이 약해져 식물과 동물이 모두 침묵할 때로 이것들을 경험한다. 계절탁자 꾸미기와 창 꾸미기는 교사와 아이들 명절과 축제를 기다리는 기간을 경험하고 있다는 것과 축하를 기다리는 동안 하는 모든 일에 소중히 참여하는 것이 아주 중요하다. 따라서 24절기 교육은 교사에게 꼭 필요한 교실공간혁신을 위한 등대다.

<창 꾸미기>는 아이들에게는 큰 배움이 일어나는 공간이다. 더구나 일 년 동안 월별로 절기나 교과에 어울리는 내용을 꾸며 놓음으로써 아이들의 감성을 더 풍부하게 만든다.

또한 학년별로 아이들에게 계절에 맞는 <노래와 리코더 곡>들을 제공함으로써 계절감각을 더 풍요롭게 할 수 있는 담임교사의 슬기로움이 들어 있다.

이 책에서 소개한 <계절탁자 꾸미기>, <창 꾸미기>, <노래와 리코더 곡> 자료들이 어떻게 보면 따라서 실천하기가 어려운 내용일 수도 있겠지만, 이 책에 소개된 선생님들 역시 2021년 3월 말부터 아무것도 알지 못하는 상황에서 오로지 실천에 의지와 열정으로 시작해서 지금까지 왔다. 실천에 시간과 노력이라는 무게를 둔 소중한 결과물들이다. 형식보다는 내용에, 관행보다는 공간혁신에 무게를 두었고, 더 중요한 것은 교육의 본질이 무너진 현실에서 내 교실에서만이라도 되찾고자 했다. 이렇게 우리 아이들이 행복한 교실을 만들기 위해, 지금 이 순간에도 여기에 참여한 선생님들의 수업과 교실공간혁신은 더 나은 진화를 거듭해 나가고 있다.

영원한 교실공간혁신을 위한 깃발을 위해서 아름다운 교실은 늘 눈앞에 펼쳐져 있어야 하며, 동시에 영원함이 포함되어 있어야 한다. 그 영원함이란 아이들 내면 깊숙이 스며든 예술감성 교실로 꾸며져 있을 경우다. 진정한 아름다움을 알게 하고, 아름다움을 보호하고, 아름다움을 낫게 하고, 아름다움을 사랑할 줄 아는 사람으로 자라게 하는 데 그 중심에는 <칠판그림 방법론 >,<연필색연필 방법론>, <크레용그림 방법론>, <습식수채화 방법론>이 있습니다. 여기에 <계절탁자 꾸미기>, <창 꾸미기>, <좋은 노래와 리코더 곡>까지 더해진 이 일곱 가지는 초등교사가 꼭 지녀야 할 수업 철학과 방법으로 이것을 지닌 교사들이 전국 방방곡곡에 있을 때 우리는 교육개혁의 깃발을 꽂을 수 있다. 이번에 이 책을 세상에 내놓은 것은 아이들 발달단계에 맞는 교실공간혁신이 왜 중요한지를 또한 이를 위해서 '선생님은 살아있는 교육과정이다'라는 것이 우리 아이들에게 얼마나 소중한가를 일깨우기 위해서다. 이를 위해 이 책이 조금이나마 밑거름이 되어서 전국에 수많은 선생님들이 참다운 예술감성 수업의 길을 함께 걸어갔으면 좋겠다.

1부 계절탁자란?

계절탁자란?

계절탁자는 우리 주변의 자연 현상의 계절 특성을 반영하기 위해 특별히 지정된 상상의 공간이기도 하고, 계절에 따라 선택되는 색상과 우주의 섭리에 따라 변화하는 계절의 역동적인 흐름이 연결되는 특별한 공간이다. 따라서 원하는 만큼 간단하게 만들 수도 있고 정교하게 장식할 수도 있다.

계절탁자의 필요성

- 2월 새학년 새학기 준비는 교실에 계절탁자를 준비하는 것에서부터 시작한다. 교실에 계절탁자가 있고 없고를 통해 담임교사나 교과전담교사의 교육철학을 가늠할 수 있다. 교사의 여러 권위 가운데 하나가 여기에서 나온다. 멋진 교실환경구성을 위해서 사교육기업의 쇼핑몰 제품과 컴퓨터 프린트물로 채워 넣는 교실과는 차원이 다르다. 영혼 없는 교실 환경구성은 아이들에게 공허함만 준다. 많이 채워 놓는다고 좋은 교실이 아니다. 무엇을, 어떻게, 왜 해야 하는지에 대한 분명한 이해가 있다면, 날마다 영혼이 살아 있는 교실로 꾸밀 수가 있다.

- 계절탁자에는 교사의 교육철학이 물씬 녹아 있다. 무엇을 어떻게 꾸며 놓을지를 알고 실천하는 선생님들의 교실은 늘 살아 숨쉰다. 계절탁자의 교육효과는 우리가 상상하는 것 이상으로 크다. 더구나 멋진 계절탁자를 꾸미려면 일년 축제와 절기에 대한 뜻을 자세히 알고 있거나 공부해 두어야 한다. 24절기나 연례 축제(추석, 설날, 단오, 한식, 대보름 등)의 전통에는 우주의 기운을 느낄 수 있는 영적인 힘이 있다.

- 계절탁자를 꾸밀 때는 자연에 생명을 불어넣는 것, 색감으로 분위기를 살리는 것, 주제를 명확하게 설계(디자인)하는 것이 중요하다. 더구나 계절탁자에는 교실(가정)에서 꾸며지는 식물의 뿌리, 꽃다발, 동식물, 예술품들이 펼쳐질 수 있는 중심이 있어야 하며, 계절탁자를 꾸밀 때는 단순하고 명확하게 구성되어 있어야 하며, 또한 개별 개체가 높은 뜻을 지니고 있어야 한다.

- 계절탁자는 계절별로 자연물 소재인 실크 천과 펠트천의 색상, 꽃이나 동물 인형(양모솜), 예술엽서나 카드, 특수 양초, 에포크(주기집중)수업 관련 책으로 각 계절을 나타내어야 한다. 아이들 역시 수시 참여로 계절탁자를 풍성하게 할 수 있어야 한다. 예를 들어 수선화나 도토리를 수업시간에 밀랍왁스로 만들었다면, 그것을 계절탁자 한쪽에 장식해 놓는다. 가을 추수에는 황금색 배경과 벼 이삭을 중앙에 놓는다. 여기에 도시지역 학교에서는 벼이삭을 구하기가 쉽지 않기 때문에 추수 사진이나 관련 소품들을 마련해서 장식해 놓는 것도 좋은 방법이다.

- 수업이 시작될 때 아이들이 수업에서 촛불이 켜지는 것을 경험할 수 있게 해주어야 한다. 이것은 수업에 엄숙함을 준다. 아쉽게 요즘은 양초는 빛을 제공하는 데 거의 쓰지 않고, 종교시설(교회, 성당, 사찰)에서 주로 쓰다보니 자칫 종교 색채가 짙을 수 있다는 오해가 있을 수 있지만 이에 대한 의미와 중요성을 설명하면 충분히 이해가 될 것이다. 촛불을 단순히 켜고 끄는 행위로 진행하기보다는 촛불이 수업의 일부가 되는 수업의 이 단계를 마무리하려면 촛불을 의식적으로 꺼야 한다. 그렇지 않으면 양초는 의미, 가치와 목적을 다 잃는다. 깨어 있는 자각을 함께하지 않는다면 교육에서 무가치하고 때로는 해로운 것이 될 수 있다. 예를 들어, 수업에서 마이크나 음향 신호를 써서 아이들에게 조용히 하라고 하는 것은 그 순간 조용해지지만, 그리 오래가지 않는다. 그러다 보면 기계적인 되풀이가 되고 이것은 또 다른 소음 발생기에 지나지 않는다. 하지만 사랑을 가지고 끊임없이 잘 돌보는 계절탁자는 우리가 상상하는 것 이상으로 아이들에게 무한한 상상력을 제공한다.

- 계절은 아이들에게 조금은 추상적이며 단어의 진정한 의미에서 이해하기 어렵다. 계절탁자 꾸미기를 하면 한 해의 과정이나 특정, 명절과 축제를 아이들이 이해하기 쉬운 형태로 가져올 수 있다. 보통 '계절탁자'이라고 하지만 이것이 반드시 탁자를 뜻하는 것은 아니다. 이 개념은 그릇, 작은 선반, 책상, 벽화 또는 이와 비슷한 것으로 같게 옮길 수 있다. 아이들과 숲에서 산책하면서 가을에는 밤이나 도토리, 봄에는 꽃, 이끼나 나무나 풀뿌리 같은 계절에 맞는 것들을 모아서 계절탁자에 함께 정리할 수 있다. 아이들은 자연스럽게 모은 것을 좋아하기 때문에 계절탁자 꾸미기는 좋은 방법이다. 또한 계절에 맞는 이야기를 들려주거나 읽어주며 아이들과 함께 노래를 부르면 참 좋다. 이 모든 것은 아이들이 자연에서 일어나는 일을 더 잘 이해하고 해당 계절에 정신적으로 적응하는 데 도움이 된다.

- 계절탁자는 아이들에게 계절이나 특정 명절을 더욱 생생하게 만들어 주기에 좋은 수업재료다. 계절과 축제를 그림으로 표현하는 역할을 한다.

- 우리는 계절탁자에 대해서 늘 생각하고 어떻게 꾸밀 것인가에 대해서 고민하면서 늘 스스로에게 많은 질문을 던져야 한다. 때때로 우리는 환상의 여행을 떠나 무슨 일이 일어나고 있고, 무엇이 계절마다 특별하게 해주는지를 상상해야 한다. 우리는 개구리나 다람쥐가 어디에 머물고 있는지, 그리고 이들 동물들이 무엇을 먹는지를 머릿속에 그려 놓는다. 늘 새로운 것이 추가되고 새로운 생각과 이야기가 생길 수 있도록 가슴과 생각을 열어 놓아야 한다.

- 계절탁자 꾸미기는 시간을 앞서서 준비하는 것이라 열정과 부지런함이 있어야 한다. 이에 대한 용기가 있다면 이번 학기도 치열하게 살아갈 준비가 되어 있다.

계절탁자가 꼭 있어야 할 이유?

계절탁자는 우리 주변의 자연 세계와 변화하는 계절을 연결하고자 한다. 그것은 아이들에게 속도를 늦추고 우리 주변의 모든 아름다움을 보도록 가르친다. 또한 경이로움과 경외감을 불러일으킨다. 더구나 교사자신뿐만 아니라 부모, 어른으로서 학교와 집과 이웃 주변의 자연 세계를 더 잘 알게 해준다.

계절탁자는 우리 주변의 자연을 반영하여 어머니인 지구와 깊은 관계를 지끊임없이 맺도록 상기시키기 위해 교실(가정)안으로 가져온다. 아이들은 시간이 지남에 따라 달마다 특정 소재, 재질, 품질, 색상, 미묘한 변화와 분위기가 다름을 알게 된다.

또한 계절에 따른 변화는 아이들에게 리듬감을 가져다 준다. 올해 자연스러운 흐름으로 축제가 자연의 현상들과 어떻게 연결되어 있는지, 이 모든 것이 아이들에게 안정감과 행복감을 가져다주며 자연을 소중히 여기는 법을 배우게 된다.

계절탁자의 중요성

- 계절탁자는 계절의 변화에 따른 자연의 변화와 사람 삶의 모습이 담겨진 여러 가지 자연물과 교사가 직접 만든 인형 등으로 꾸며진 탁자다. 봄에는 파릇파릇 새싹이 돋아나고, 세상의 모든 동식물들이 잠에서 깨어나 살아 꿈틀대기 시작하는 모습을, 여름에는 활발한 자연의 힘을, 가을에는 여러 가지 곡물과 과실이 우리 사람의 삶을 풍요롭게 하고 있는 모습을, 겨울에는 앙상한 나뭇가지에 하얀 눈이 덮여 모든 땅위의 생물들이 자신 내부로 움츠리고 있는 모습을 보면서 아이들은 자연의 변화와 흐름으로 사랑과 사람에 대한 원천적인 힘을 경험하게 된다.

- 계절탁자는 계절과 절기의 흐름, 문화 행사(축제)의 분위기를 교실 안에 가득히 채워 주는 환경구성의 중심이 된다. 이렇듯 계절탁자는 우리들이 학교, 집 밖에서 느낄 수 있는 계절의 분위기를 책상 위로 가져와 아이들에게 사진처럼 보여주는 것이다. 책상이든 서랍장이든 무엇이든지 간에 아이가 느낄 수 있는 특별한 공간이면 된다. 교실 앞쪽 모서리에 설치하면 좋다. 조그만 것이라도 상관없다. 겨울이면 겨울분위기에 맞게 꾸미고, 봄이면 실크 천으로 봄기운이 물씬 풍기는 색을 배경(바닥과 뒤편)으로 나타내고, 그 위에서 봄을 나타내는 꽃이나 인형, 곤충들로 표현해 놓는다. 구체물도 좋고, 나뭇가지나 나무 인형, 뜨개질, 펠트인형도 좋고 주변에서 쉽게 구할 수 있는 것이면 다 좋다. 단 플라스틱이나 인공적인 것을 피하는 것이 좋다. 여름에는 바닷가의 조개를 올려놓을 수도 있고, 가을에는 밤이나 솔방울, 낙엽을 깔아서 분위기를 낼 수 있다. 겨울에는 흰 솜을 이용해서 눈이 온 모습을 꾸며 놓는다. 중요한 것은 교사 자신이 늘 계절의 변화와 색을 스스로 느껴야 한다는 것이다.

- 처음에는 혼자하기 어려울 수 있지만 동료 선생님들께 자문을 구하거나 같은 학년 선생님들과 함께 작업하고 그 느낌들을 나누면서 추가 보완해서 꾸며 놓을 수 있다. 꾸밀 때 주의할 것은 계절탁자가 단순히 놀이로 가지고 놀 수 있다는 느낌이 들게 꾸며 놓아서는 안 된다. 꾸며 놓은 계절탁자를 보면서 아이들은 자연스럽게 세상(자연)에 대한 경외심이 들도록 해주어야 한다. 바로 자연에서 얻을 수 있는 것들이 이렇게 많다는 것을 스스로 느끼게 해주는 것이다. 바로 '느낌' 중심교육이다.

- 산책활동에서도 이와 마찬가지다. 아이들 스스로 느끼게 하는 것이 중요하다. 계절탁자를 꾸며서 아이들에게 공개하는 날 교실은 온통 소란스러울 것이다. 그 소란스러움이란 아이들의 궁금증이 충만하다는 것이다. 교사에게 이것저것 물어보거나, 아니면 꾸며 놓은 물건들 앞에서 골똘히 바라보고 있는 아이들 모습을 상상할 수 있을 것이다. 또한 교실 앞의 빈 공간이 이렇게 계절탁자로 채워진다면 한층 더 자연스러운 교실분위기가 만들어진다.

계절탁자 꾸미기 효과

- **순수한 아름다움의 장소**
  교실 한쪽에 자연물로 꾸며진 계절탁자는 그 자체로 아름다움을 준다. 교사의 정성으로 꾸며지는 계절탁자를 날마다 보면서 아이들은 말하지 않아도 아름다움을 몸으로 영혼으로 느끼게 된다.

- **상상력을 주는 도구**
  계절탁자 위에 꾸며진 이야기들은 아이들의 상상력을 자극한다. 아이들은 저마다 계절탁자를 보면서 다른 이야기들을 상상하게 된다. 계절탁자 위에 놓여진 '순간'의 장면에 아이들 각자 상상력을 발휘하여 과거나 미래로 여행을 떠나게 되는 것이다. 또한 계절탁자 위에 놓인 여러 소품들의 이야기들이 놀이로 연결될 수도 있다.

- **이야기 창고**
  아이들에게 들려줄 이야기를 계절탁자 위에 꾸밀 수도 있다. 이야기 수업(옛이야기, 우화, 성인 이야기, 24절기 따위)과 연관 지어 계절탁자를 꾸미는 것이다. 날마다 조금씩 이야기를 진행하면서 계절탁자에 나오는 사람들도 바뀌고 장면이 바뀔 수 있다.

- **자연에 대한 고마움**
  계절탁자에 있는 것들은 모두 자연에서 오는 것들이다. 자연의 풍경들을 옮겨놓거나 자연 속에서 살아가는 사람의 모습을 보여줌으로써 위대한 자연에 대한 고마움을 느낄 수 있게 해준다.

계절탁자를 어디에 두어야 할까?

생활 공간의 중앙이 좋으나 교실에서는 아이들 자리 배치로 어렵다. 가능하면 교실 앞쪽을 활용하는데, 아이들이 칠판을 바라봤을 때 오른쪽 공간이나 복도쪽 앞문 옆 공간을 이용한다. 물론 여기에 놓으면 좋다라고 정해진 규정은 없다. 교실 공간에 따라 달라질 수 있기 때문에 이에 대해서는 담임교사가 교실여건에 맞게 결정해서 꾸며 놓으면 된다.

어떤 것을 준비해야 하나?

천 소재로 만든 실크 천이나 여러 천을 기본 배경으로 이용한다. 계절에 따라 색상이 다르므로 이에 맞는 천들을 준비하면 좋다.

여기에 예쁜 나뭇잎이나 도토리, 조개, 나무뿌리와 같은 자연의 것을 추가하고. 정령 존재를 나타내는 요정과 같은 작은 난쟁이, 계절 꽃을 담은 꽃병, 화분, 마른 나뭇가지나 꽃, 동물들도 아름답게 추가한다.

계절탁자 색상은?

계절에 따른 색상은 봄은 **옅은 갈색, 옅은 녹색, 옅은 노란색**이다.
여름은 **밝은 노란색, 청록색, 잔디 초록, 주황색**이다.
가을에는 **황토색, 주황색, 빨간색, 갈색, 보라색**이다.
겨울은 **보라색, 진한 파란색, 군청색 파란색, 은회색, 흰색**으로 나눈다.

괴테의 색상환을 참고하여 달별로 좀 더 자세히 나누면, 이른 봄부터 부활절까지 **초록, 녹색, 황록색**으로 변하고 마지막은 **노란색**이다. 초여름에서 한여름까지는 **복숭아색/옅은 오렌지색**이다. 가을에서 11월까지는 **라일락색, 보라색**으로 짙어지다 마지막으로 **파란색**이 된다. 겨울인 12월에는 **군청**에서 **파랑**으로 순으로 주기가 다시 되풀이 된다.

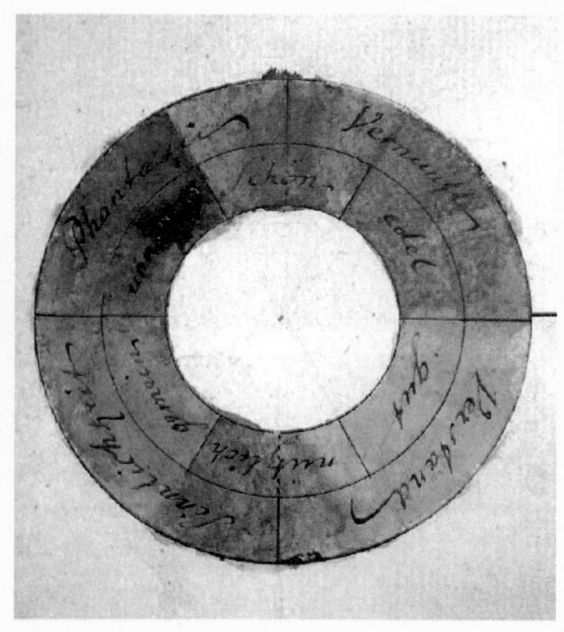

괴테의 색상환

계절탁자 관리는?

주간 리듬에 계절탁자를 정리하거나 새로 고치거나 추가하는 것이 좋다. 계절탁자에 추가되는 적은 수의 자연물(꽃이나 식물) 경우 시든 것은 바꾸어 주는 것이 좋다. 아이들 경우는 전체 구성이 다 바뀌었을 때 아주 흥미로운 반응을 보인다. 아이들이 계절탁자 관리를 역할을 나누어서 할 경우 인성과 주변 세계에 관한 관심에 좋은 영향을 미친다.

월별 계절탁자

3월

3월에는 어머니 지구의 시간이 땅속 뿌리 자식들과 함께 시작된다. 봄의 섬세한 연한 초록이 자라나기 전이고 아직은 준비 중이다. 따라서 계절탁자의 실크 천은 갈색이나 베이지색이 좋고 또는 다소 헐거운 느낌의 펠트 천도 잘 어울린다. 가지가 잘 뻗은 뿌리도 보기 좋다. 수선화, 크로커스, 튤립 등 꽃이 피는 알뿌리 식물들이 3월에 잘 어울린다. 시간이 지나면서 뿌리 자녀들은 점차 없어진다. 한 달 동안 수선화, 크로커스, 튤립 가운데 하나를 바꾸어 놓을 수 있다.

3월 말부터는 알뿌리 식물의 꽃이 지면서 새로운 꽃들이 여기저기에서 피어난다.

4월

4월에는 점점 더 많은 꽃이 피어나면서 알뿌리 식물의 꽃은 완전히 진다. 주변에서 민들레, 데이지, 미나리아재비, 장미과의 꽃나무들을 비롯해서 수많은 나무 꽃과 풀꽃들이 피어 난다.

계절탁자는 너무 화려하지도 너무 단순하지도 않게 꾸미는 것이 좋다. 꽃 이외에도 작은 펠트 동물들(작은 새, 고슴도치, 생쥐, 다람쥐)도 함께 놓으면 좋다.

4월에는 한식과 부활절 행사가 있다. 우리는 첫 번째 봄꽃으로 봄을 맞이하고 부활절을 기다린다. 초록 실크 천 위에 빨간 실크 천이 온다. 이것은 자연을 깨우는 초록, 그리고 사랑과 피의 색을 나타내는 빨간색으로 부활절 색상이다. 개나리 또는 수선화가 있는 작은 꽃다발, 부활절 달걀이 있는 작은 둥지, 토끼, 보리 심기와 자람 등을 놓을 수 있다. 여러 가지 소재들을 계절탁자에 올려놓다 보면 공간이 좁을 수 있는데, 아래 사진 자료처럼 아름다운 나무 엽서(그림 카드)를 함께 끼워 놓는다면 또 다른 흥밋거리가 되기도 한다.

5월

5월에는 지역의 기온에 따라서 4월의 꽃이 오래 머물거나 바뀔 수 있으므로 지역 환경에 맞게 꽃을 고르면 된다. 보통 물망초가 적합하다. 5월 중순 이후부터는 라일락을 추천하는데 꽃병에 든 라일락이 예쁘게 다가오는 것을 볼 수 있다.

6월

6월에는 5월부터 핀 꽃들이 사그라지지 않고 그대로 남아 있을 수 있다. 그래서 지역에 따라 5월의 꽃을 그대로 두는 기간을 연장해도 괜찮다. 꽃은 작은 모란, 장미, 루드베키아, 금계국이 어울리고 무당벌레 같은 곤충도 좋다.

7월

7월에도 여전히 6월의 계절탁자를 이어가도 괜찮다. 자연에서 꽃을 피우고 있는 모든 것을 그대로 교실로 가지고 와도 좋다. 초롱꽃, 토끼풀, 수국 등이 있고 벌집(지끈을 이용해서 제작함)과 꼬마 꿀벌(양모솜)도 아주 잘 어울린다. 계절탁자 공간에 여유가 있다면 오리나 백조가 있는 작은 연못을 꾸며도 된다. 여름에는 바다를 떠올리기 때문에 탁자 전체를 시원한 바닷가로 꾸며 놓는 것도 좋다. 실크 천으로 모래 해변이나 바다를 표현하기도 하고, 양모솜이나 펠트천을 이용해서 어패류나 바다 동식물들을 만들어서 함께 꾸며 놓으면 좋다. 이때 필요한 실크 천은 파랑 계열이다.

8월

8월은 2학기 개학으로 시작이다. 개학 환영 인사말을 칠판그림으로 표현한다. 꽃은 해바라기와 금잔화가 아주 잘 어울린다.

9월

9월에는 대부분의 여름꽃이 사그라져서 주변에서 쉽게 볼 수 없게 된다. 계절탁자의 배경 색은 가장 밝은 오렌지색이다. 자연은 나름의 방식으로 가을이 얼마나 빨리 찾아오는지 우리에게 일깨워준다. 가을 열매들은 손쉽게 구할 수 있으므로 대추, 밤, 도토리, 호두와 같은 나무 열매들로 꾸며 놓는다.

10월

10월은 추수의 시간이다. 볏짚이나 각종 가을 과일들로 꾸며 놓는다. 또한 가을은 언제나 이별과 후퇴와 변화의 시간이다. 아이들은 자연 속을 걷는 동안 이러한 변화를 아주 강하게 느낀다. 숲체험으로 나뭇잎을 정복하고, 밤과 도토리, 가래들을 바구니에 모으고, 저마다 아름다운 색을 뽐내는 나뭇잎들을 모은다. 수확의 계절인만큼 계절탁자에는 일년 가운데 가장 풍성한 과일과 곡식들로 채운다.

11월

11월에는 꽈리나 호박을 이용해서 꾸며 놓는다. 여기에 아이들과 함께 만든 전등을 같이 놓아두면 한층 더 멋진 모습을 연출할 수 있다. 나무마다 나뭇잎 색깔이 곱게 물들고 있으므로 이것을 이용하면 멋진 계절탁자 꾸미기가 된다. 먼저 아래에 갈색 실크 천을 깔고 사방에 멋진 나뭇잎 몇 개, 자수정 몇 개, 말린 도토리와 밤 몇 개들을 놓아두면 멋져 보인다.

12월

12월은 구성이 다르고 공간도 많이 바뀐다. 이것은 12월 25일 성탄절과 깊은 관련이 있다. 진한 파란색 실크 천을 배경으로 하고 주위에 전나무 가지들을 놓는다.

1월	1월은 대부분이 겨울방학이라 계절탁자 꾸미기가 쉽지 않지만, 흰색 실크 천, 아름다운 겨울 그림엽서(카드)로 꾸며 놓는다. 여기에 겨울 분위기가 물씬 나도록 겨울 왕, 겨울 요정, 올빼미, 북극곰, 썰매, 눈사람들을 만들어 놓으면 좋다.
2월	2월은 날씨에 따라 겨울 분위기를 이어나가지만, 입춘을 기점으로 새봄을 준비하거나 새 학년 새 학기 준비를 한다.

계절탁자 꾸미기 소재들은?

광물

식물
(과일, 곡식, 열매)

요정, 동물, 사람

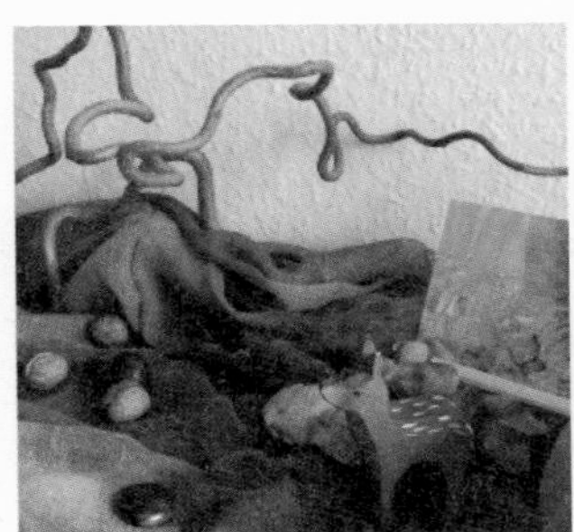

학년별 교실 색깔은?

아이들의 발달단계를 생각하지 않고 1학년부터 6학년까지 같은 색으로 칠해진 교실에서 아이들의 상상력을 끌어내는 것은 억지스러운 교육이다. 지금이라도 미래교육을 외친다면, 더구나 학교공간혁신을 이야기한다면 교실 색부터 아이들 발달단계에 맞는 색으로 칠해야 한다. 발도르프 교육의 창시자인 루돌프 슈타이너 박사는 1922년 슈투트가르트 발도르프학교 신축공사에서 교실 색을 아래처럼 칠하라고 제안했는데, 여기서는 초등학교 관련 내용만 소개했다.

1학년 교실

2학년 교실

3학년 교실

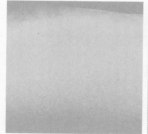

4학년 교실

5학년 교실

6학년 교실

창 꾸미기에 필요한 준비물은?

별종이

조각칼
(전문가용)

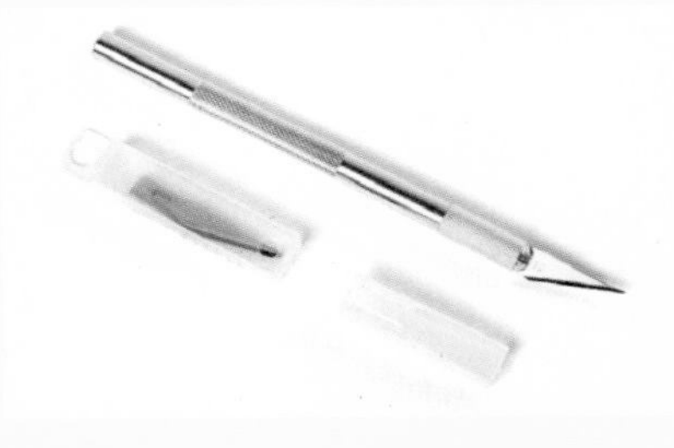

고무판

딱풀, 가위, 자, 컴퍼스

참고로 계절탁자 꾸미기와 창 꾸미기 관련 재료들과 음악 관련 악기들은 발도르프몰 (www.waldorfmall.co.kr)에서 구할 수 있다.

2부 봄

3월, 4월, 5월

봄이 온다! 봄이 온다!
새들이 둥지를 짓는다.
나뭇가지와 지푸라기로
최선을 다해 엮는다.
봄이 오고 있다!
따뜻한 바람도 오고,
꽃들도 오고 있고,
동물들도 다 오고 있다.

봄, 3월

3월에

계절탁자 꾸미기

3월에 어울리는 식물은 알뿌리 식물들로
수선화가 중심을 이룬다.

실천사례

1.

2.

3.

4.

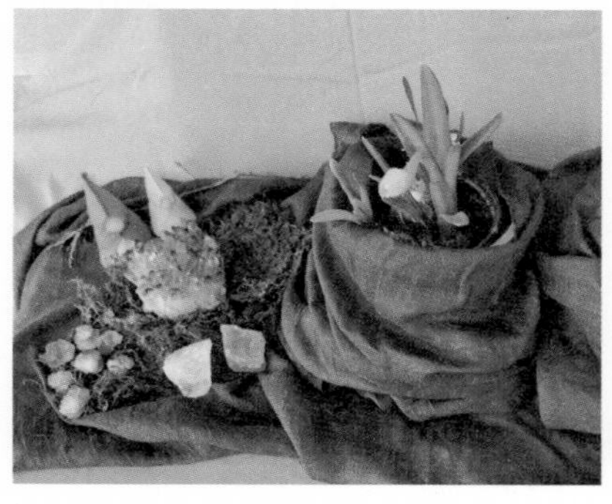

5.

6.

1. 경남 김유진 선생님 / 2. 광주 남옥인 선생님 /
3. 제주 변경옥 선생님 / 4. 경북 박소은 선생님 /
5. 경남 김은정 선생님 / 6. 경기 홍수정 선생님

7.

8.

9.

7. 경남 우진영 선생님 /
8. 광주 이현희 선생님 / 9. 강원 김주미 선생님

외국 발도르프학교 계절탁자

9.

10.

11.

9. 스웨덴 발도르프학교 / 10. 독일 발도르프학교 /
11. 체코 발도르프학교

12.

13.

14.

12. 루마니아 발도르프학교 / 13. 우크라이나 발도르프학교 / 14. 벨기에 발도르프학교

광물학과 연계한 6학년 계절탁자

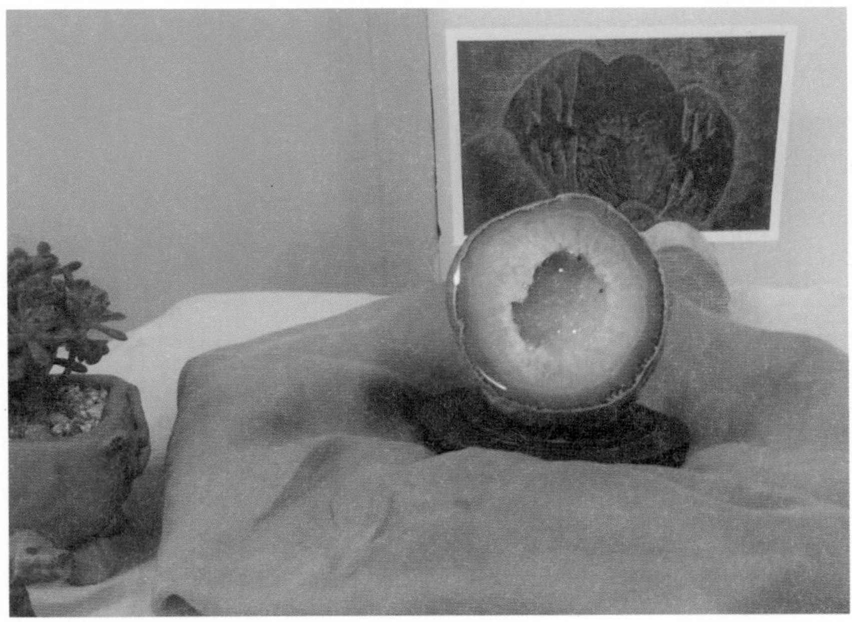

계절탁자 꾸미기에 꼭 필요한 자수정과 난쟁이 요정

응용

수선화와 버들강아지 그리고 바닥에 깔아 놓은 천들로 풍성하게 꾸며도 좋다. 다음의 예시는 땅과 땅속을 갈색으로 절묘하게 표현했다. 아직 피지 않은 수선화가 이 시기 아이들(유, 초 1-2학년)의 발달단계를 잘 나타내 주고 있다.

15.

15. 독일 발도르프학교 계절탁자

3월에

창문 꾸미기

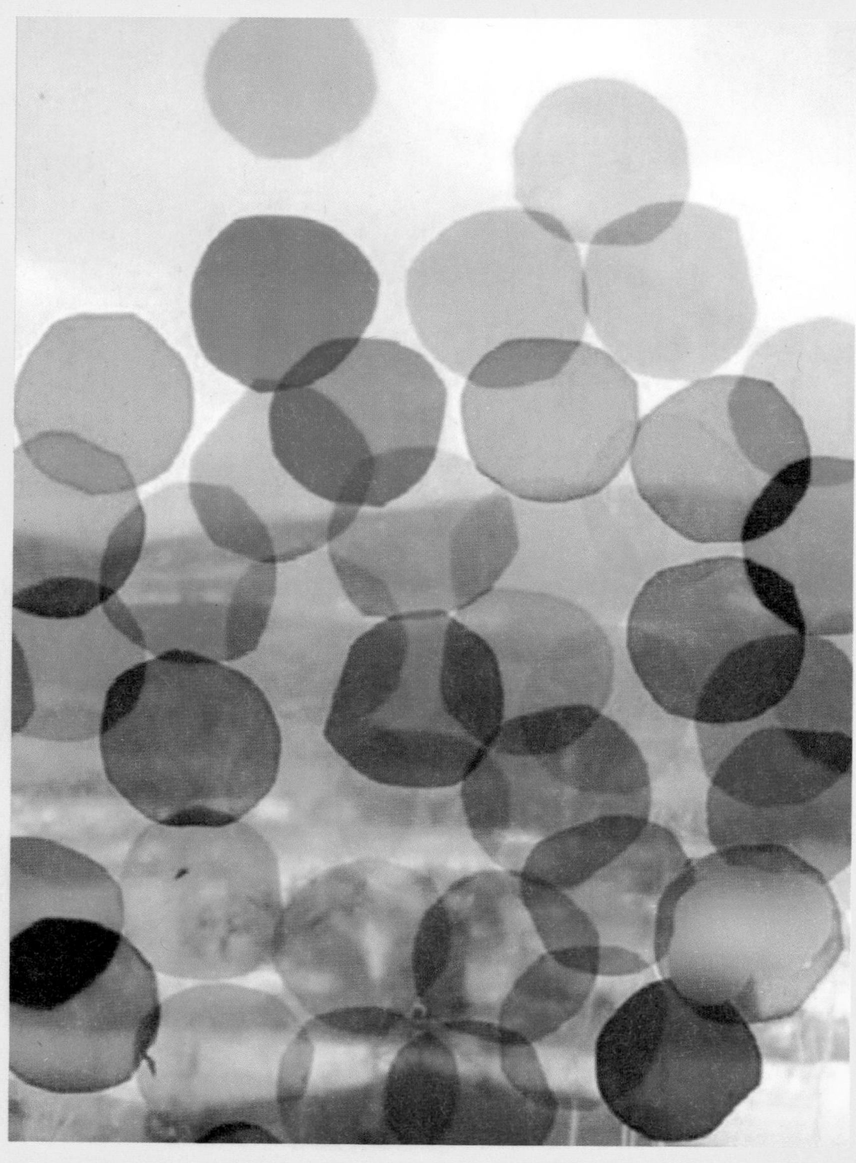

방울 꾸미기

대상

1-2학년과 특수반 아이들
(집에 유치원 아이들이 있으면 거실창에 해 놓아도 됨)

방법

① 원은 완벽하지 않아야 함. 완벽하면 자칫 부담감을 줌.
(*가위로 최선을 다해서 오림)
② 유리창 한칸만 함.
③ 전체를 할 경우 너무 많이 하지 않음. (*방울이 날아가듯이)

중요

이야기가 있어야 함. 아이들이 물어 볼 경우, 이에 대해서 충실하게 이야기를 해 주어야 함.
왜? 이 시기 아이들은 스스로 생각하는 힘이 아직은 많지 않음. 세상에 대한 호기심으로 어른에게 많이 물음.

(절대로) 아이들과 함께하는 것은 추천하지 않음.
3월 첫날 아이들이 아침에 교실문을 들어섰을 때 감탄을 위해.

별종이를 중간 중간 겹치게 붙이면 또 다른 색이 탄생하기 때문에 아이들은 신비감에 빠져듬. (*종이는 별종이가 가장 좋음. 빛이 투영되는 것이 다른 것에 비해 좋음.)

만약 아이들과 이야기를 나눈다면, 담임선생님은 현재 반 아이들의 특성을 파악해서 이에 맞게 해주시는 것이 좋다. 이야기는 길지 않아야 함. 아이들 스스로가 느낄 수 있는 내용을 말해주면 된다. 예를 들어, “자, 자기하고 닮았다고 생각하는 친구?” 아이들이 손들고 말하면, “그래, 000이 나와서 어떤 것인지? 알려 줄래?” 그래서 반 아이들 모두가 각자 한 개씩 가질 수 있는 기회를 준다.

실천 사례

1.

2.

3.

4.

1. 경남 홍의화 선생님 / 2. 경기 홍수정 선생님 /
3. 충북 이현화 선생님 / 4. 광주 한정화 선생님

뿌리 요정과 무지개 꾸미기

대상 유치원, 1-3학년

밑그림

뿌리 요정 작업

뿌리요정 만들기

준비물 별종이, 색머메이드지, 종이공예칼, 가위, 요정을 본 뜰 두꺼운 종이

1) 요정 본뜨기

① 요정 그림을 12cm 이내로 그리고 오린다.

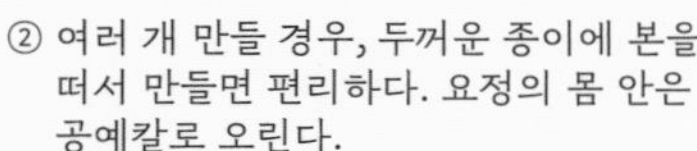

② 여러 개 만들 경우, 두꺼운 종이에 본을 떠서 만들면 편리하다. 요정의 몸 안은 공예칼로 오린다.

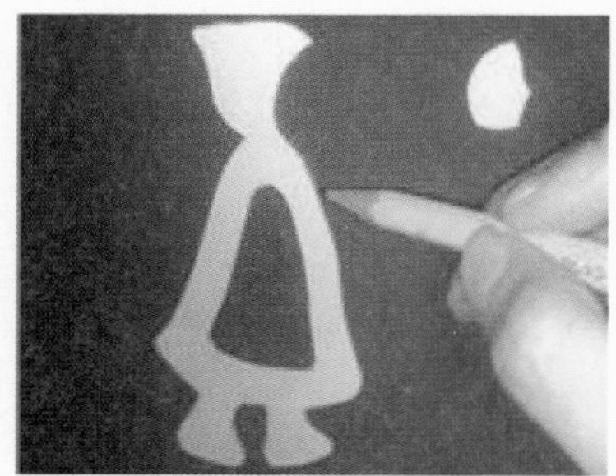

2) 색지에 본 뜨기

① 요정의 몸, 얼굴과 손을 원하는 색지에 대고 본을 떠서 오려낸다.

② 오려낸 요정의 몸 속 크기에 맞추어 별종이를 오린다.

3) 요정과 꽃을 만들어 창문꾸미기

① 요정의 몸, 얼굴과 손을 적당한 위치에 붙이고
요정 몸 뒷면에 오려둔 별종이를 붙인다.

② 색지와 별종이로 원하는 꽃을 만들어 요정에 붙인 후, 창문을 꾸민다.

무지개 별종이 만들기

준비물 16×16cm 별종이 8장, 커터칼, 딱풀

1) 모양

2) 만드는 방법

① 색깔별로 10×10cm로 잘라서 4등분을 만든다.
② 반으로 접었다 다시 편다.
③ 점선을 따라 접는다.
④ 겹친 부분이 떨어지지 않게 풀로 붙인다.
⑤ 같은 방법으로 8장을 접어 준비한다.
⑥ 풀칠은 겹치는 부분에만 한다.
⑦ 8번 조각이 1번 조각 밑으로 들어간다.

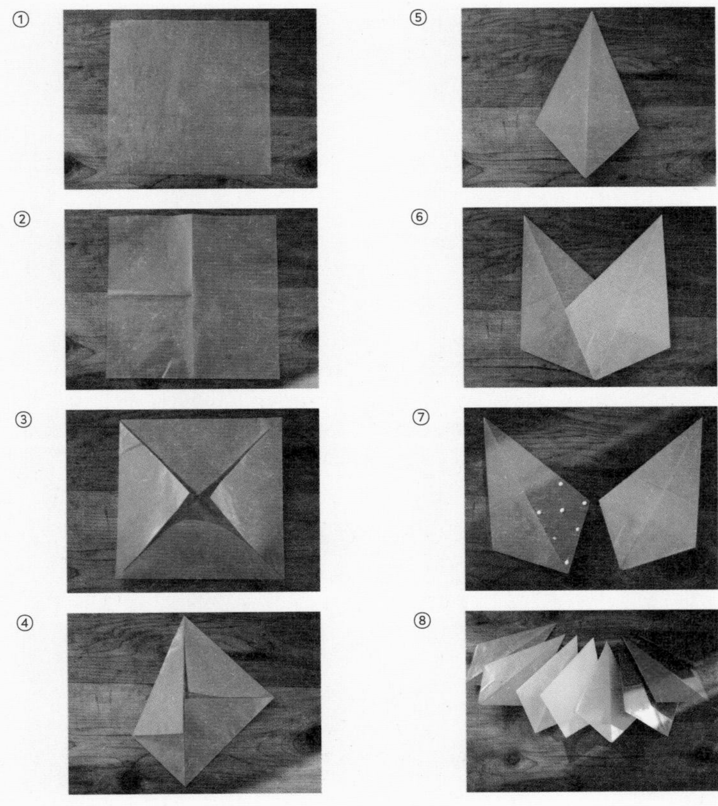

실천사례

위에서부터 순서대로
광주 한정화 선생님, 경남 신민정 선생님,
경남 김유진 선생님, 대구 곽성숙 선생님

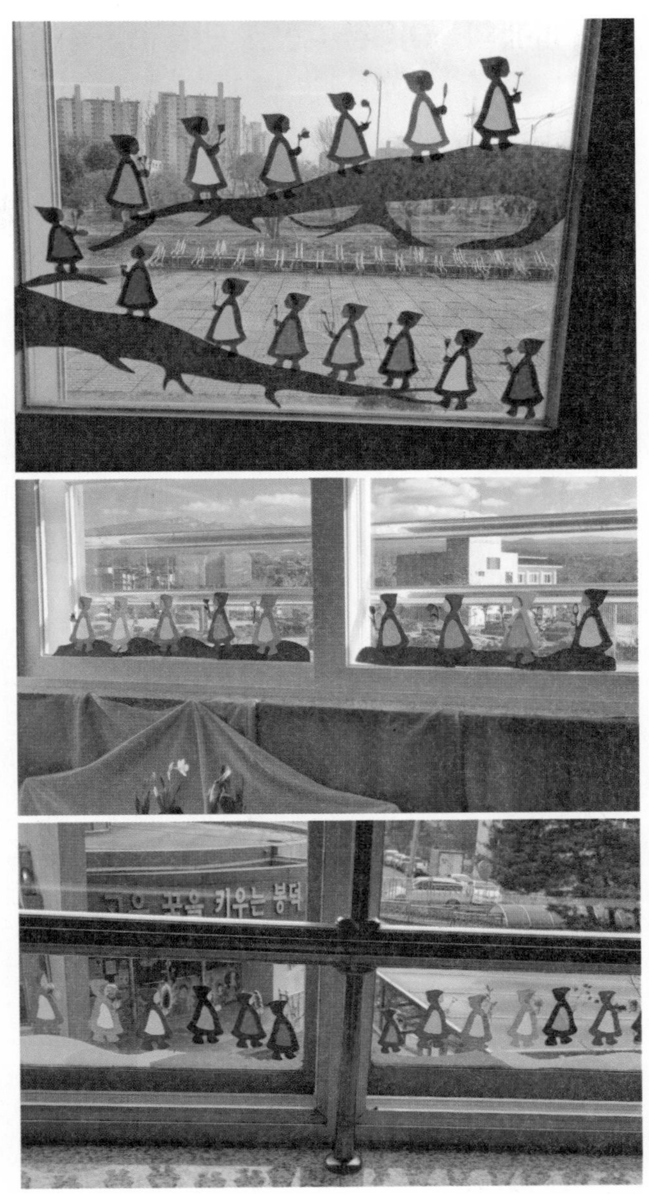

위에서부터 순서대로
광주 심수련 선생님, 제주 변경옥 선생님, 충북 이현하 선생님

종이 컵케익을 이용한 수선화 만들기

대상	유치원, 1-5학년

창문에 꾸민 수선화

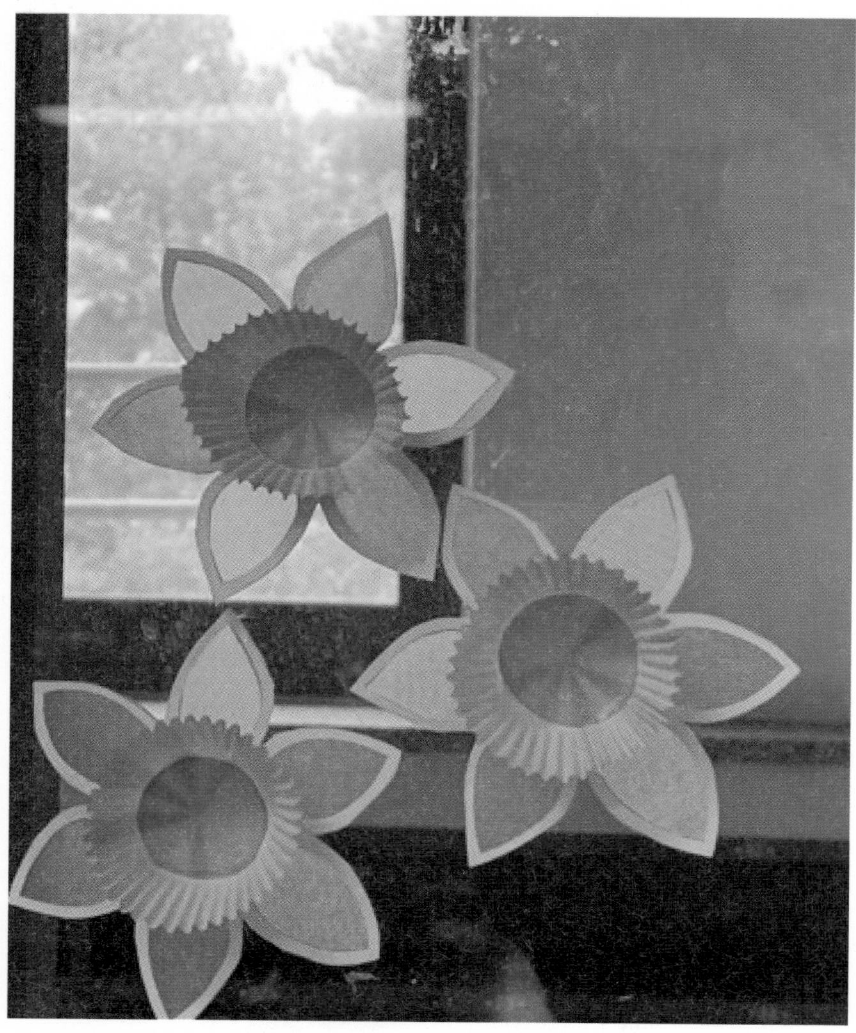

경기 홍수정 선생님

수선화 만들기

실천사례

위에서부터 순서대로
경기 박소영 선생님, 경남 모미경 선생님,
제주 변경옥 선생님, 강원 민은경 선생님

밀랍왁스를 이용한 수선화 만들기

대상	유치원, 1-2학년

밀랍왁스로 만든 수선화

경남 김유진, 모미경 선생님

밀랍왁스

밀랍왁스로 수선화 만들기

① 뿌리, 줄기, 잎, 꽃잎, 꽃술이 될 부분을 동글하고 길쭉하게 만든다.
② 알뿌리를 동그랗게 만들고 줄기를 붙인다.
③ 조물조물 잎의 모양을 만들어 붙인다.
④ 노란색 밀랍을 납작하게 꽃잎처럼 만들어 이어 붙인다.
⑤ 주황색 계열의 꽃술을 그릇모양처럼 만들어 붙인다.
⑥ 줄기에 꽃을 붙이고 모양을 다듬어 수선화 꽃을 완성한다.
⑦ 봄 계절탁자에 놓아 아름답게 꾸민다.

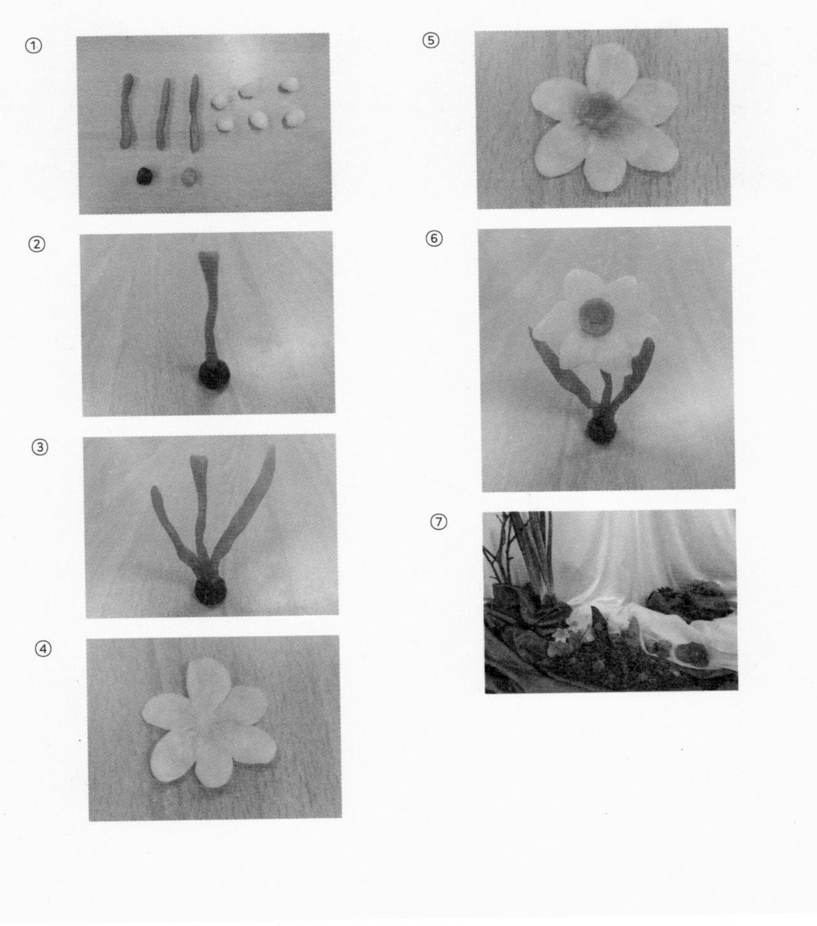

경북 박소은 선생님 실천사례

실천사례

위에서부터 순서대로
경남 김유진 선생님, 광주 남옥인 선생님, 경남 신민정 선생님,
경기 박소영 선생님, 경기 홍수정 선생님

튤립(알뿌리식물) 만들기

준비물

검정색 도화지(8절), 별종이, 가위, 칼, 풀, 갈색 한지,
트레싱지 또는 기름종이(흰색 별종이가 없을 때), 커팅 매트

경기 홍수정 선생님

만드는 방법

① 검정색 도화지에 도안을 보고 그린다.
② 가위로 테두리 부분을 자르고 안쪽은 칼로 오린다.
③ 칼로 다 오리기 완성 모습
④ 흰색 별종이(또는 트레싱지)로 바탕을 표현하기 위해 겉의 테두리 부분을 대고 그린다.
⑤ 선을 따라 자른다.
⑥ 윗부분에만 풀로 붙여 고정시킨다. (아래 부분은 풀을 표현해야 하므로 아직 붙이지 않는다)

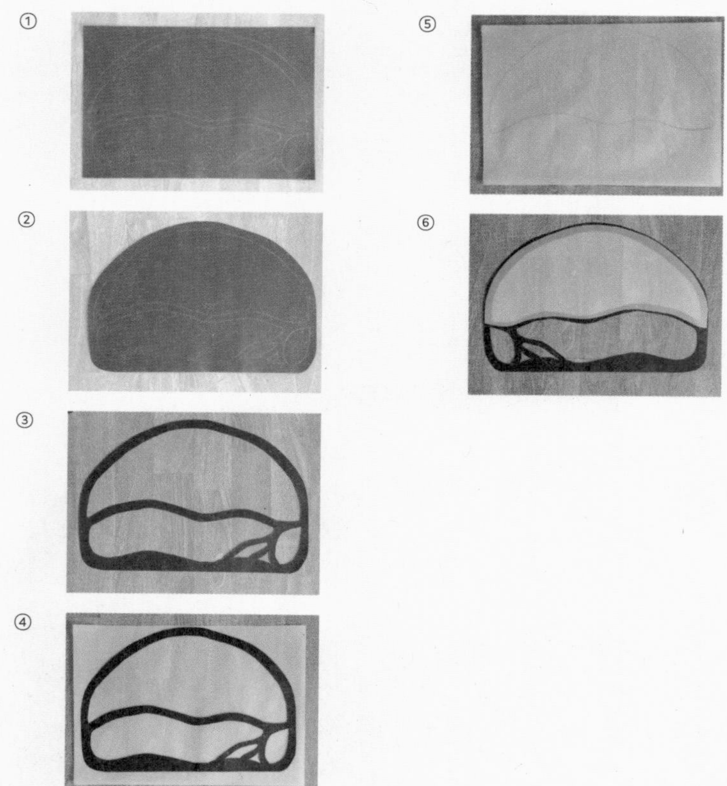

⑦ 별종이 중에 갈색이 없으므로 갈색 한지를 이용해 땅 부분을 표현한다.
겉의 테두리를 따라 그린다.
⑧ 가위로 자른 후 아래 부분에만 풀로 붙여 위치를 고정 시킨다.
⑨ 갈색 한지를 알뿌리 모양으로 자른다.
⑩ 붙일 위치에 올려둔다.
⑪ 알뿌리 부분에 있는 검정색 도화지를 잘라 뿌리 부분이 보이도록 한다.
⑫ 연두색 별종이를 이용해 풀을 표현한다.
⑬ 알뿌리 부분에 줄기를 잘라 붙인다.

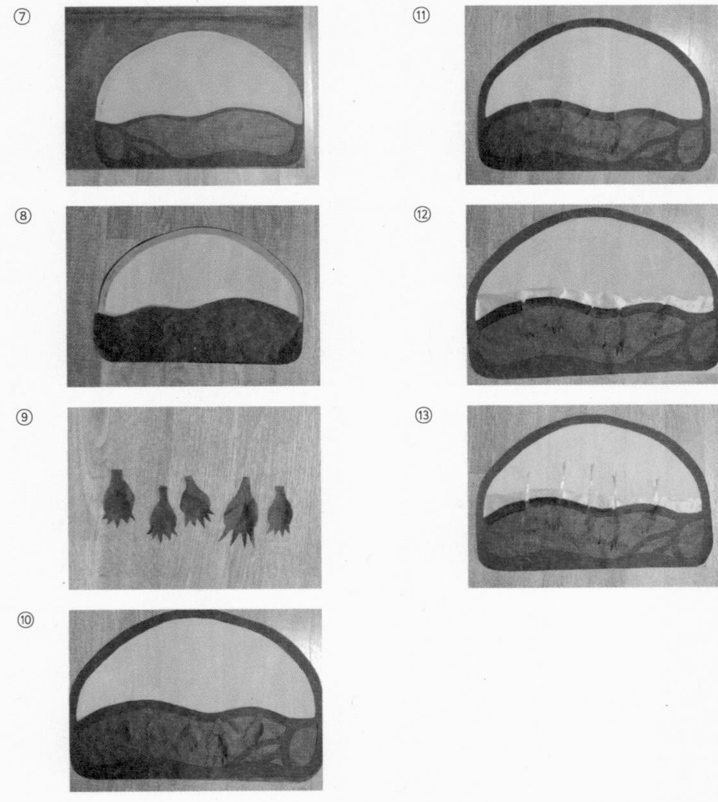

⑭ 꽃잎을 자른다.
⑮ 줄기 끝부분에 꽃잎을 붙인다.
⑯ 잎사귀를 여러개 잘라 붙인다.
⑰ 노란색 별종이와 갈색 한지로 달팽이 모양을 만들어 붙인다.
⑱ 뒤집어서 땅 부분에 갈색 한지로 뿌리, 흙을 더 붙인다.
⑲ 갈색 한지를 더 붙여서 땅속 부분을 표현한 모습
⑳ 빛을 비추어보면서 위치를 조정하여 붙이면 좋다.

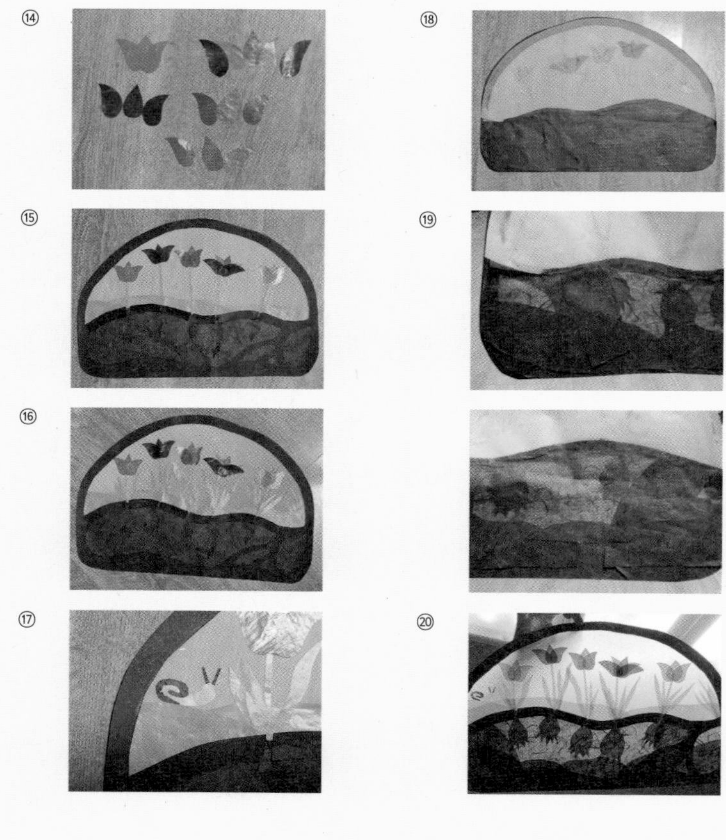

꾸미는 시기	3월에서 4월 중순까지 계절탁자에 있는 꽃이 피어날 때쯤 창에 붙인다.
유의점	흰색 별종이의 크기가 큰 것이 없을 때는 트레싱지나 기름종이를 이용할 수 있다.(작은 별종이를 잘라서 붙이게 되면 이어 붙인 부분이 햇빛에 비쳐 드러나기 때문에 이왕이면 큰 종이로 한번에 붙이도록 한다.) 별종이를 구하지 못했을 때는 한지로 대신할 수 있다. 별종이들이 겹쳐지는 부분은 빛을 비추어보면서 위치를 조정하면 좋다. 일반 커터 칼보다 디자인용 칼을 이용하면 쉽게 자를 수 있다.

실천 사례

1.

2.

3.

4.

5.

6.

1, 2. 경남 김은정 선생님(2022학년도 6학년 담임)
3, 4. 광주 박주희 선생님(2022학년도 5학년 담임)
5. 강원 민은경 선생님(2022학년도 3학년 담임)
6. 경남 배유진 선생님(2022학년도 5학년 담임)

위에서부터 순서대로
경남 박소은 선생님(2022학년도 통합반 담임),
광주 조한아름 선생님,
경남 우진영 선생님(2022학년도 4학년 담임),
광주 심수련 선생님(2022학년 1학년 담임)

3월

학급운영

새학년 새학기 환영

실천사례

1학년
경남 모미경 선생님, 충남 고동연 선생님,
충북 이상미 선생님

2학년
경기 홍수정 선생님

3학년
강원 민은경 선생님

4학년
경남 우진영 선생님

5학년

6학년
경남 김은정 선생님

3월 첫날 첫 수업

1학년 – 입학식 끝나고 나서

실천사례

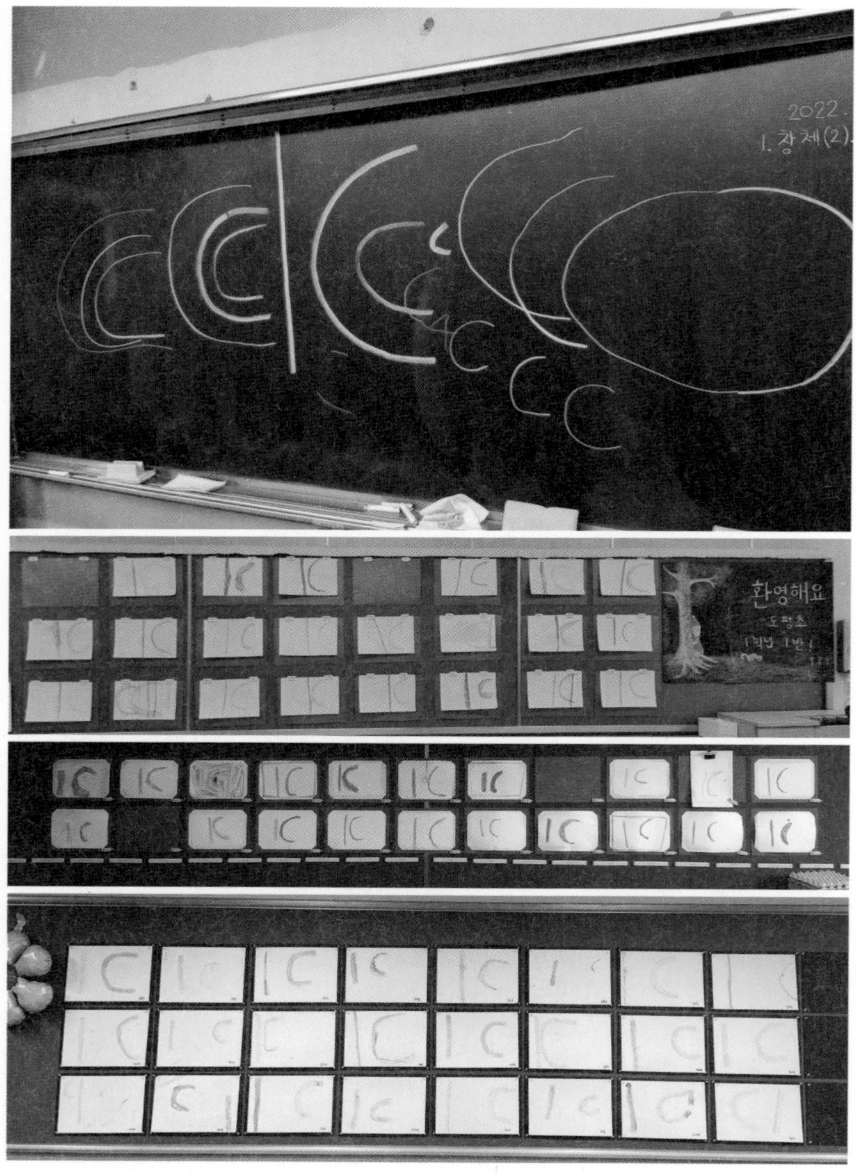

위에서부터 순서대로
광주 남옥인 선생님, 제주 변경옥 선생님,
강원 김주미 선생님, 경기 박소영 선생님

형태그리기 수업과 관련 책 소개

1일차에 이야기를 들려주었더니 헨젤과 그레텔 이야기를 알고 있는 친구들도 있었으나, 조용히 이야기에 집중합니다.
2일차에 이야기를 들려주고 형태제시하니 미
...더보기

경기 박소영 선생님

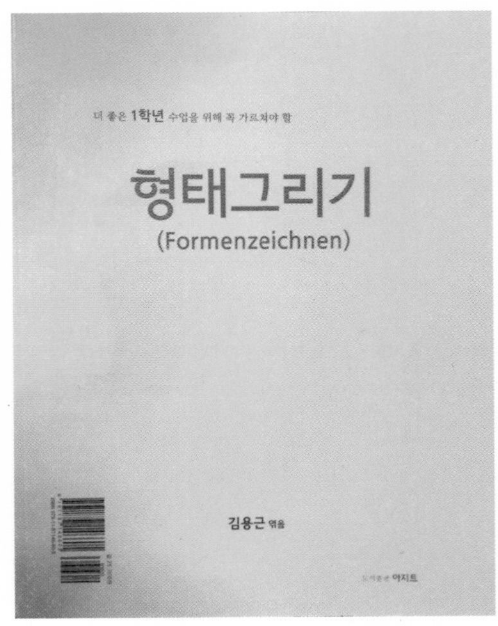

새학년 새학기 첫날에 들려주는 이야기 관련 칠판그림

1학년

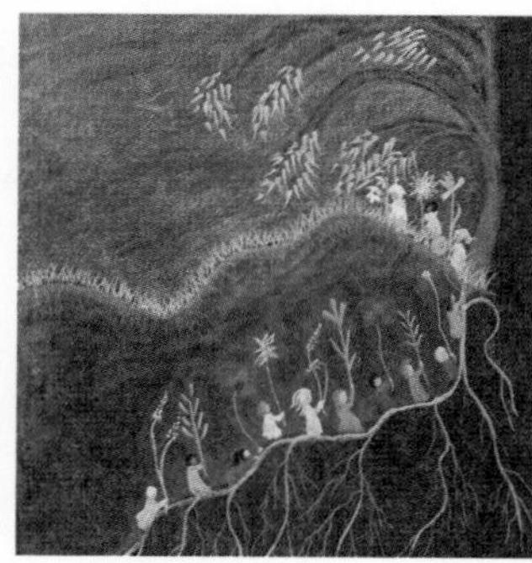

〈뿌리요정 관련 이야기〉

〈녹크라프톤의 전설〉
경기 박소영 선생님, 충남 고동연 선생님

〈세 개의 황금공〉 독일 발도르프학교

2학년

〈사자와 생쥐(이솝우화 관련)〉

4학년

〈북유럽 신화 관련 이야기〉

계절주기표

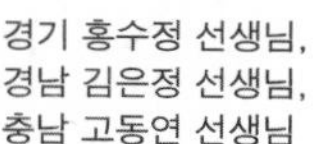

경기 홍수정 선생님,
경남 김은정 선생님,
충남 고동연 선생님

1-2학년을 위한 그림시간표

1학년

2학년

낱장(카드) 그림시간표

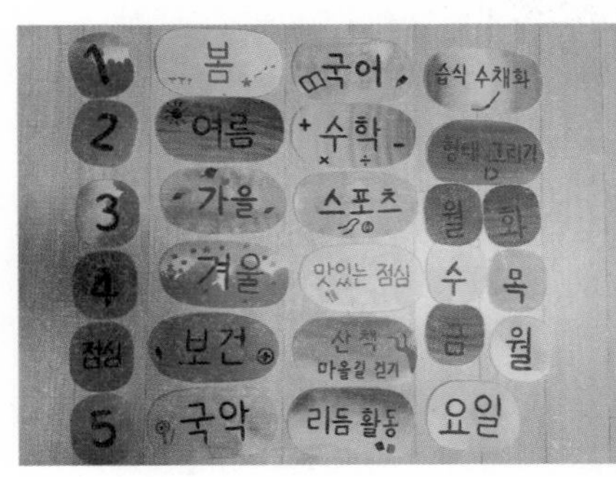

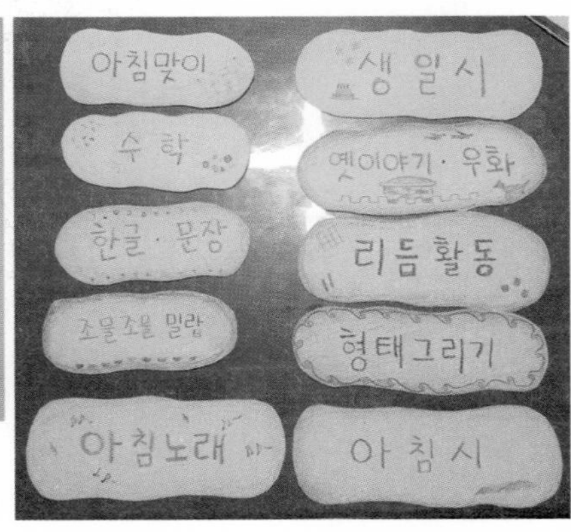

낱장(카드) 그림시간표
경남 김유진 선생님,
경남 신민정 선생님

역할분담표

저학년

3학년과 6학년

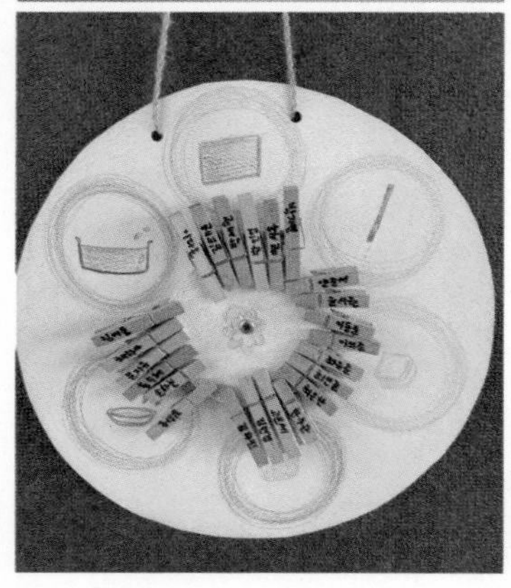

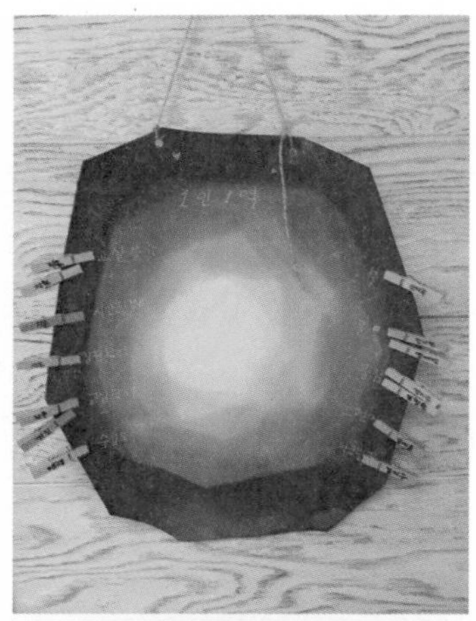

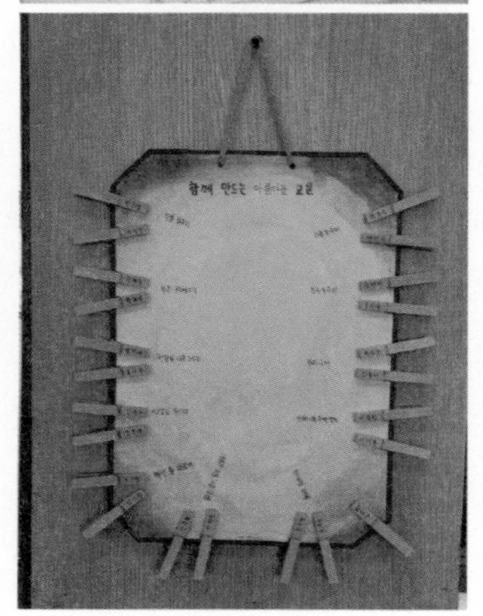

저학년
광주 한정화 선생님,
제주 변경옥 선생님

3학년과 6학년
강원 민은경 선생님,
경남 김은정 선생님

3월

영혼을 살찌우는 아름다운 노래

광주 조한아름 선생님께서 노래 악보와 리코더곡을
3월부터 12월까지 새롭게 다시 편집 작업을 한 것들입니다.

Morning is Come

Morn - ing is come, Night is a - way;
5
Rise with the sun And wel - come the day.

대상: 1-3학년

참고 음원 출처: www.youtube.com/watch?v=tbGrV_6WvkY

Desk Moving Song

대상: 3학년 이상

참고 음원 출처: www.youtube.com/shorts/557ucuWPV8A

뻐꾹 뻐꾹 숲에서 노래해

대상: 1-4학년

참고 음원 출처: www.youtube.com/watch?v=u0ncHAssdtE

봄, 4월

4월에

계절탁자 꾸미기

4월에는 부활절과 관련해서
보리심기가 중심을 이룬다.

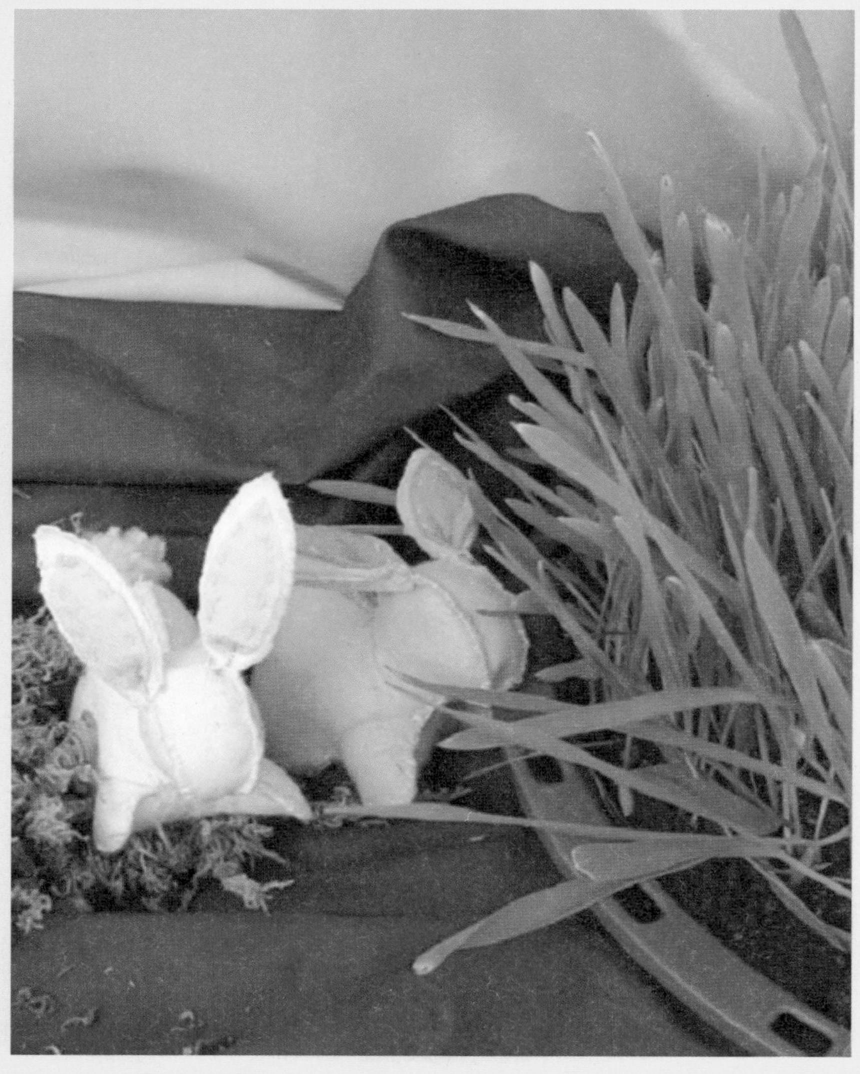

옛이야기와 관련한 계절탁자 꾸미기

1.

2.

1. 경기 박소영 선생님 / 2. 충북 이현하 선생님

부활절과 관련한 계절탁자 꾸미기

1.

2.

3.

4.

1. 대구 곽성숙 선생님 / 2. 경북 박소은 선생님 /
3. 충북 이현하 선생님 / 4. 경남 신민정 선생님

부활절 관련 보리심기와 토끼를 이용한 계절탁자

—

삼월말부터 보리 심기를 하면 좋다. 교실 아이들 각자가 1인 1화분을 준비해서 화분 크기에 맞게 적당량의 보리를 심는다. 보리를 심고 나면 보통 10일 이내에 싹을 볼 수 있는데, 3학년 이상에서는 날마다 관찰일기를 쓰는 것도 좋다.

1.

2.

3.

4.

1. 경남 김유진 선생님 / 2. 대구 곽성숙 선생님 /
3. 충북 이상미 선생님 / 4.경기 이성경 선생님

5.

6.

7.

8.

9.

10.

11.

12.

5. 경남 우진영 선생님 / 6. 충북 이현하 선생님 / 7. 경남 김유진 선생님 / 8. 경남 김은정 선생님 /
9. 광주 남옥인 선생님 / 10. 경기 박소영 선생님 / 11. 경남 홍의화 선생님 / 12. 경남 모미경 선생님

13.

14.

13. 제주 변경옥 선생님 / 14. 강원 김주미 선생님

외국 학교의 계절탁자 사례

1.

2.

1. 미국 발도르프학교 / 2. 슬로베니아 발도르프학교

3.

4.

5.

6.

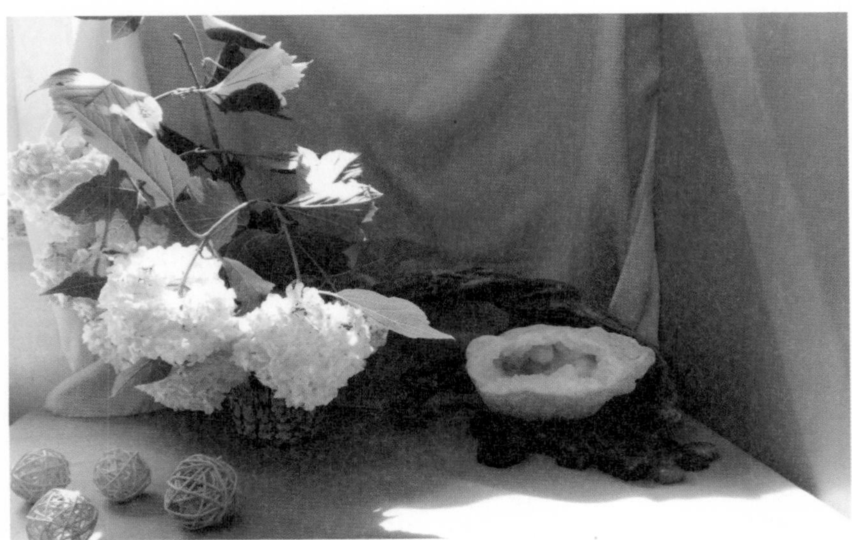

7.

3. 네덜란드 발도르프학교 / 4. 헝가리 발도르프학교 /
5. 미국 발도르프학교 3학년 구약 관련 계절탁자 / 6. 독일 발도르프학교 4학년 북유럽신화 관련 계절탁자 /
7. 헝가리 발도르프학교 6학년 광물학 관련 계절탁자

4월에

창문 꾸미기

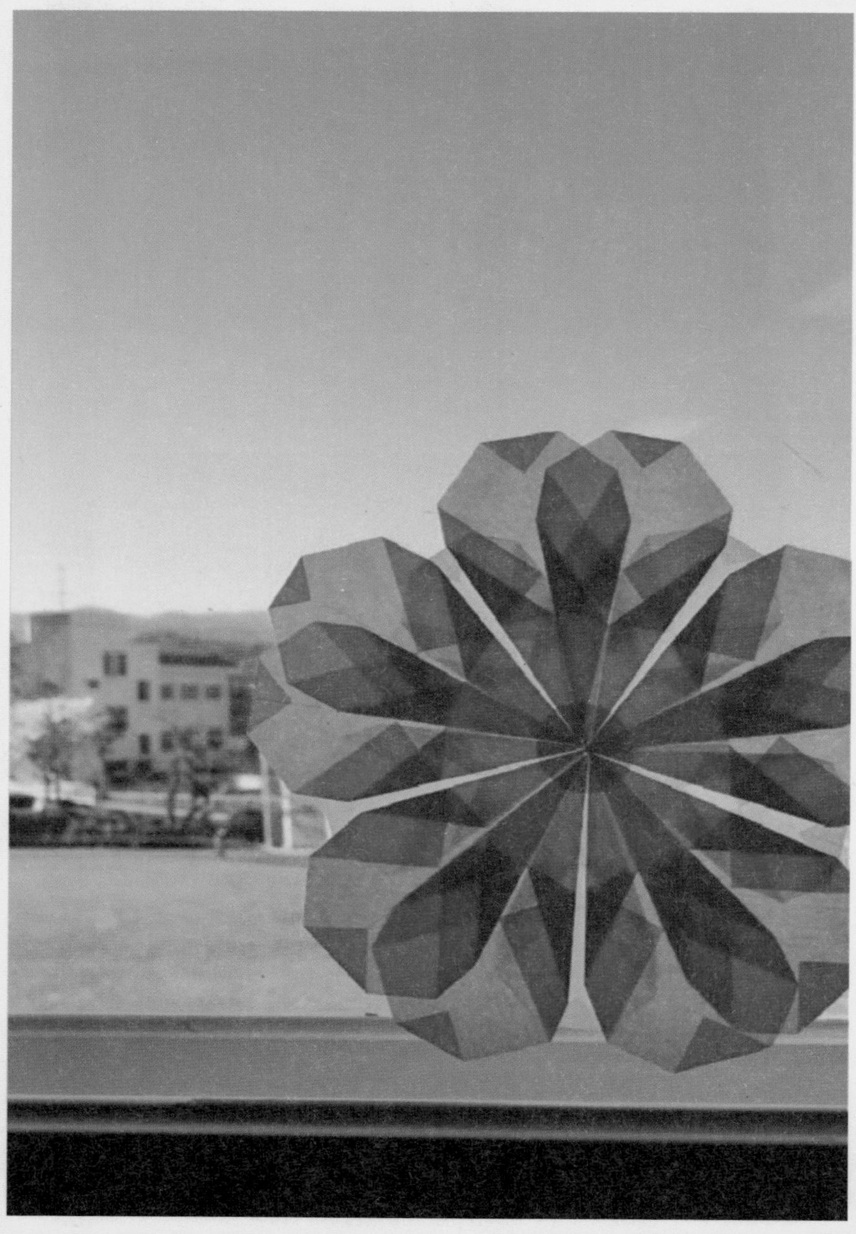

옛이야기와 관련한 이야기 꾸미기

4월에 1학년 아이들에게 꼭 들려주어야 할 옛이야기
: 백설공주, 빨간모자, 개구리 왕자

1.

2.

3.

1. 경기 홍수정 선생님 / 2. 제주 변경옥 선생님 / 3. 경남 신민정 선생님

꽃잎 꾸미기

1.

준비물

- 분홍색 8cm 정사각형 별종이 10장,
- 흰색 6.5cm 5장,
- 노랑색 지름 2.5cm 원 1장

1. 제주 변경옥 선생님 교실 모습 /
2. 우측 만드는 방법: 경북 박소은 선생님

만드는 방법 2.

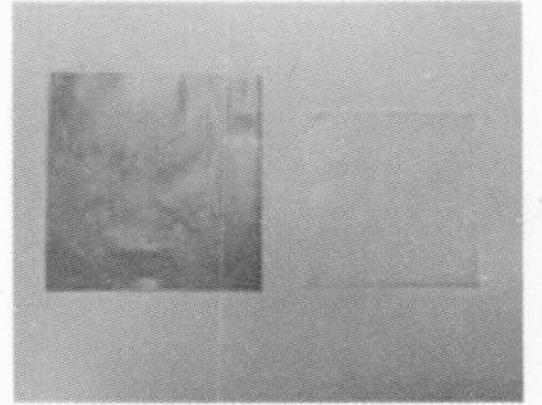

① 분홍색 8cm 정사각형 10장, 흰색 6cm 정사각형 10장을 준비합니다.

② 중심선에 맞추어 대문 접기를 합니다.(접기 과정마다 풀칠).

③ 끝부분을 모서리에 맞추어 접습니다.

④ 위쪽 모서리를 살짝 접습니다.

⑤ 분홍색 두장씩 중심선에 맞추어 붙입니다. 총 5개를 만듭니다.

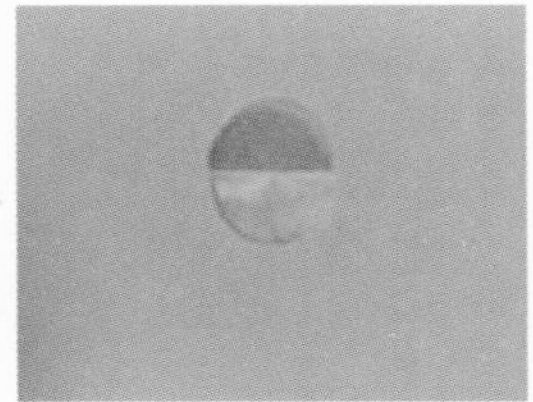

⑥ 노란색 원을 가로 세로로 반 접습니다.

⑦ 꽃잎을 접은 부분이 보이지 않도록 앞면으로 하여 꽃잎 모서리를 원의 중심에 붙입니다.

⑧ 5장 꽃잎 끝을 원 중심에 맞추어 간격에 맞게 붙입니다.

⑨ 꽃을 뒤집어 흰 색 꽃받침 모서리를 노란 원 중심과 꽃잎 2장 사이 중앙에 맞추어 붙입니다.

⑩ 흰색 5장을 붙여 꽃받침을 완성합니다.

⑪ 접은 면이 보이지 않도록 꽃을 앞면으로 둡니다.

⑫ 꽃을 창문에 붙여 꾸밉니다.

3.

4.

5.

6.

3. 경남 모미경 선생님 / 4. 경기 박소영 선생님 / 5. 광주 한정화 선생님 / 6. 광주 남옥인 선생님

부활절 관련 토끼 만들기

1.

1. 광주 한정화 선생님

만드는 방법 2.

① 도안 그리기

② 도안 자르기

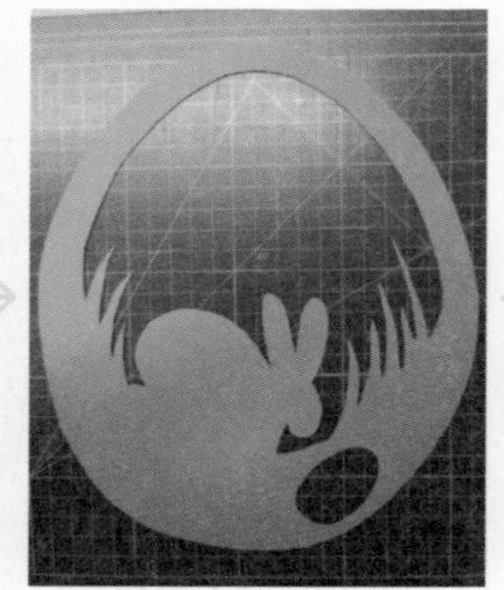

③ 별종이 자르기

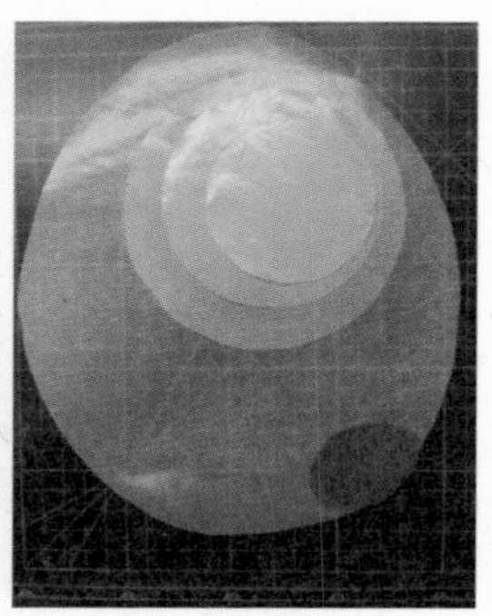

④ 붙이기

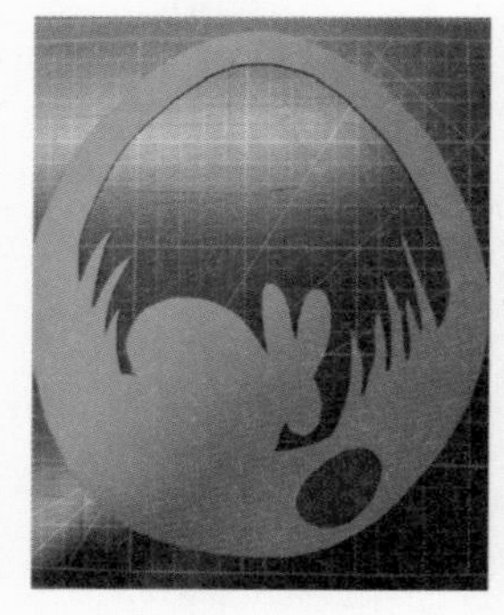

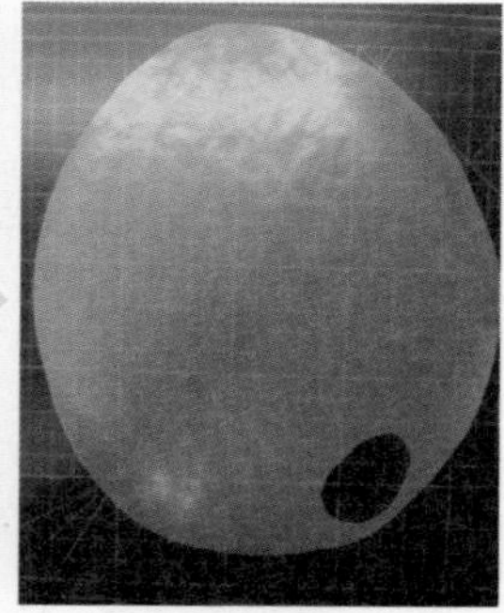

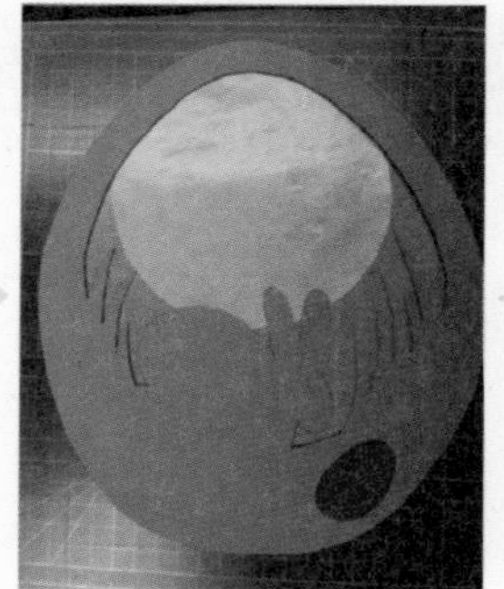

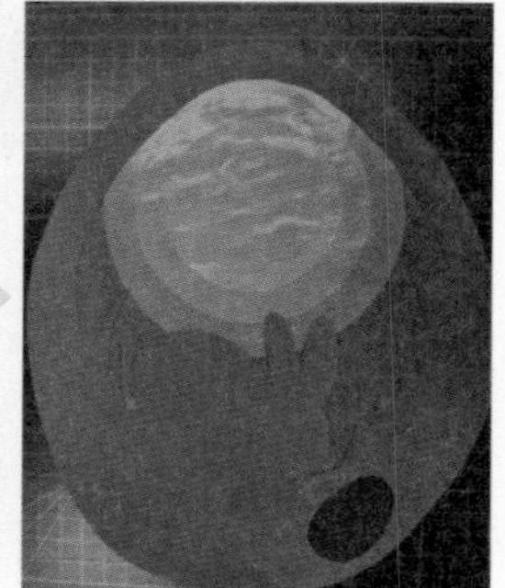

다른 모양 토끼 꾸미기

3.

2. 좌측 만드는 방법: 경남 김유진 선생님 /
3. 경남 김은정 선생님

4.

5.

6.

7.

8.

9.

4. 경북 박소은 선생님 / 5. 경기 이성경 선생님 / 6. 경기 박소은 선생님 / 7. 광주 조한아름 선생님 /
8. 경남 모미경 선생님 / 9. 제주 변경옥 선생님

꿀벌 만들기

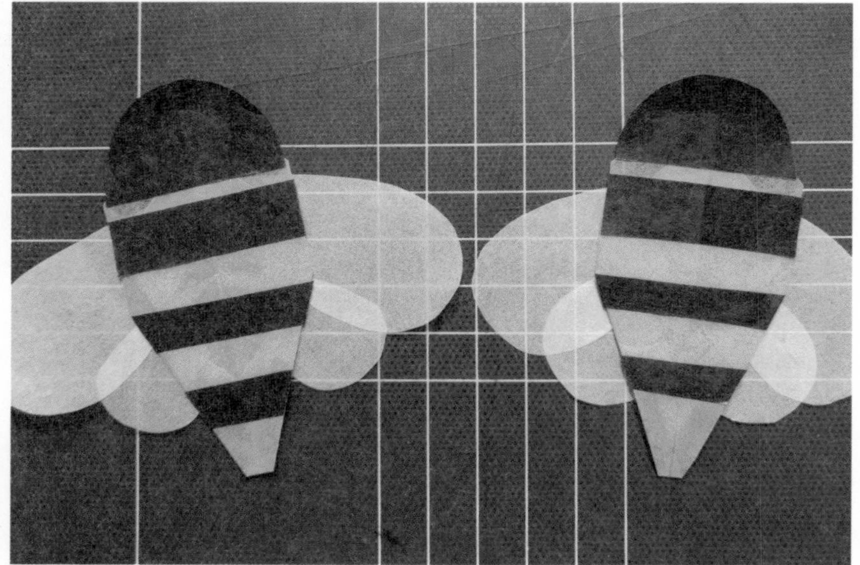

1. 우측 만드는 방법: 경남 김유진 선생님

만드는 방법 1.

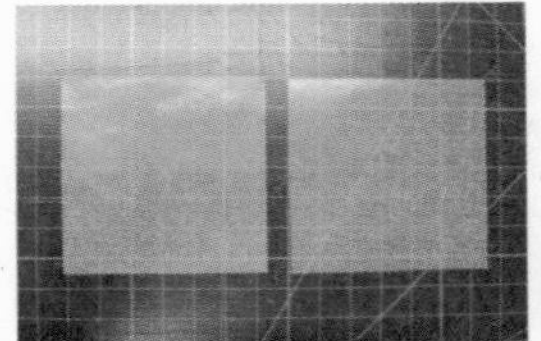

① 황금노랑색 별종이를 6.5cm 정사각형 2장 잘라서 준비하기

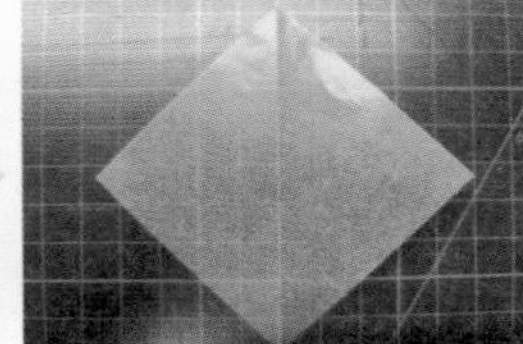

② 삼각형으로 반 접기

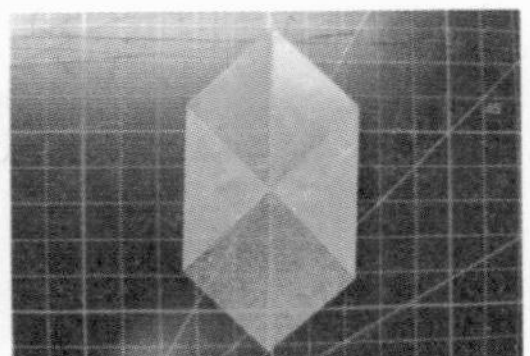

③ 가운데 선에 맞춰 양쪽 삼각형으로 접기

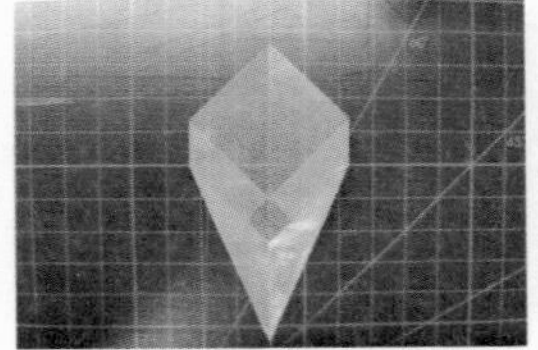

④ 가운데 선에 맞춰 뾰족하게 접기

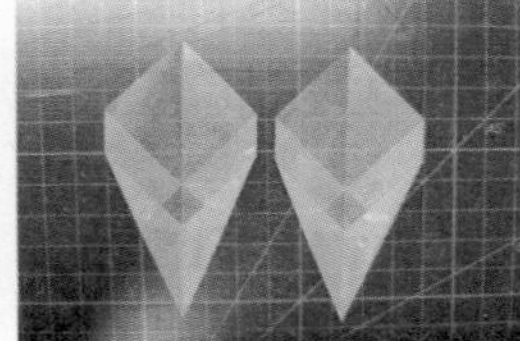

⑤ 똑같이 접기

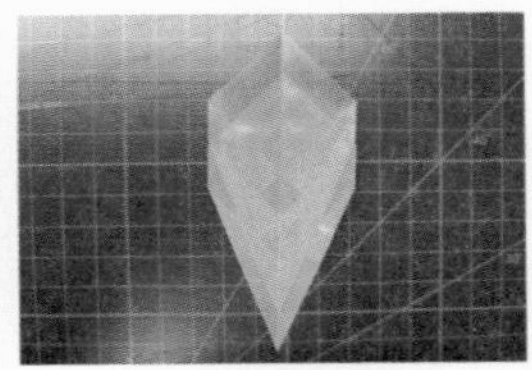

⑥ ⑤번 두 장을 겹쳐 몸통 만들기

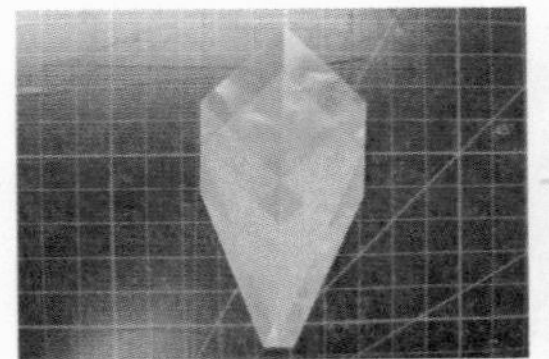

⑦ 아래 끝부분 접어 올리기

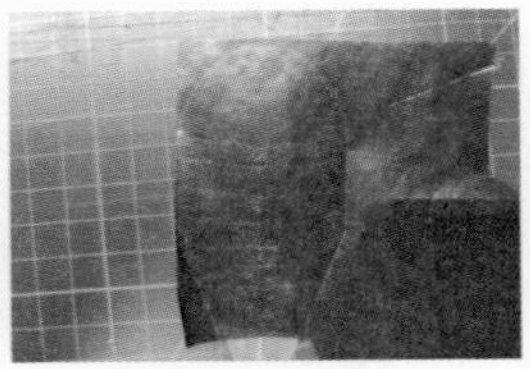

⑧ 진한 갈색 별종이를 대고 머리, 줄무늬 그리기

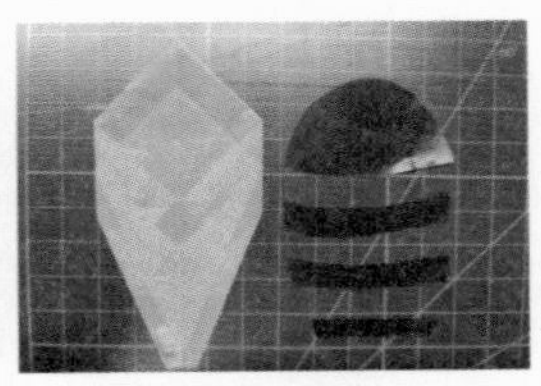

⑨ ⑧을 선 따라 자르기

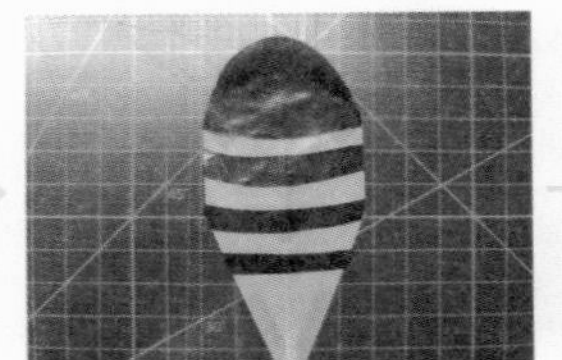

⑩ ⑨를 몸통에 붙이기

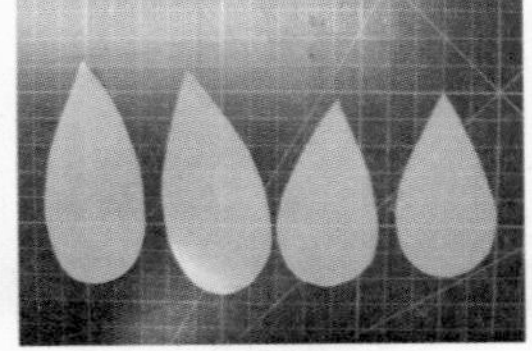

⑪ 흰색 별종이로 날개 모양으로 자르기(길이 7cm, 6.5cm)

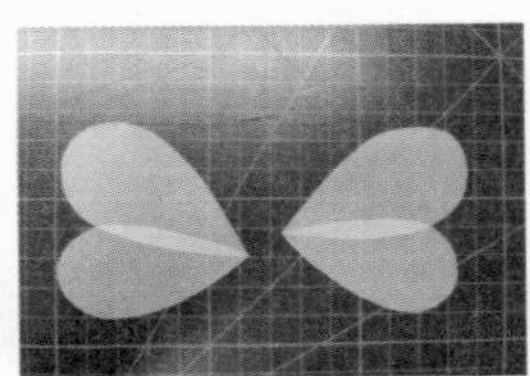

⑫ 긴 날개, 짧은 날개 살짝 겹쳐서 붙이기

⑬ 몸통을 뒤집어 날개 붙이기(45도 각도로)

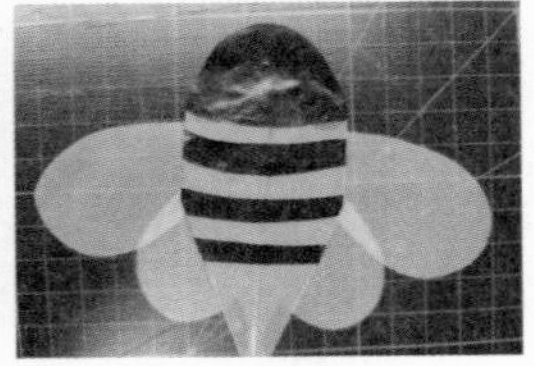

⑭ 완성

2.

3.

4.

5.

6.

2. 대구 곽성숙 선생님 / 3. 경남 김은정 선생님 / 4. 광주 박주희 선생님 /
5. 경북 박소은 선생님 / 6. 광주 한정화 선생님

진화하는 창문꾸미기 실천사례

—

시기에 맞게 구성 요소들을 한 주 단위로 하나씩 덧붙여 나가는 것도 창문 꾸미기의 또 다른 매력 가운데 하나다. 여기 이야기가 있으면 한층 더 흥미롭게 아이들에게 많은 상상력을 제공할 수 있다. 아래 사진은 경남 모미경 선생님(2022학년도 1학년 담임)이 보여준 창문 꾸미기 실천사례다.

→

4월

영혼을 살찌우는 아름다운 노래

Dona Nobis Pacem

대상: 5학년 이상

참고 음원 출처: www.youtube.com/watch?v=MVp8JkiUJo8

For the Beauty of the Earth

대상: 5학년 이상

참고 음원 출처: www.youtube.com/shorts/q9KTz0ydsP4

봄, 5월

5월에 계절탁자 꾸미기

5월에는 예쁜 꽃들이 중심을 이룬다.

옛이야기와 관련한 계절탁자 꾸미기

잭과 콩나무

1.

2.

3.

1. 경남 신민정 선생님 / 2. 충북 이상미 선생님 / 3. 부산 이미지 선생님

빨간장미와 흰장미

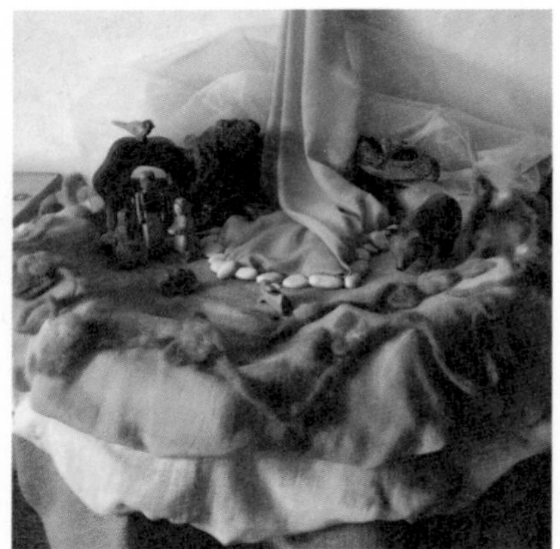

4.

5.

4. 독일 발도르프학교 / 5. 충북 이상미 선생님

덧셈, 뺄셈 요정 계절탁자 꾸미기

덧셈, 뺄셈 요정과 함께

: 1-2학년 수학

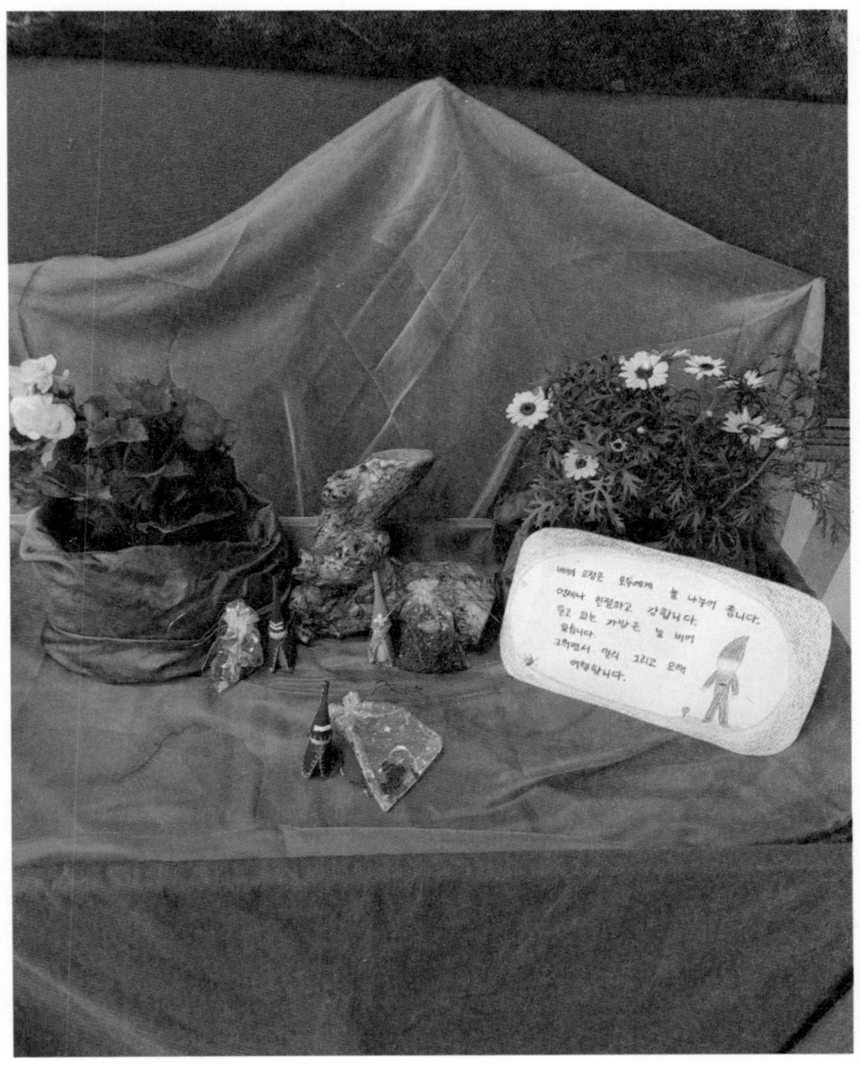

1.

1. 광주 남옥인 선생님

신화 계절탁자 꾸미기

창조신화
: 3학년

1.

인도신화
: 5학년

2.

1. 강원 민은경 선생님 / 2. 미국 발도르프학교

어린이날 선물로 꽃부리(화관) 만들기

달팽이 뜨개질을 이용해서 만들기

1.

2.

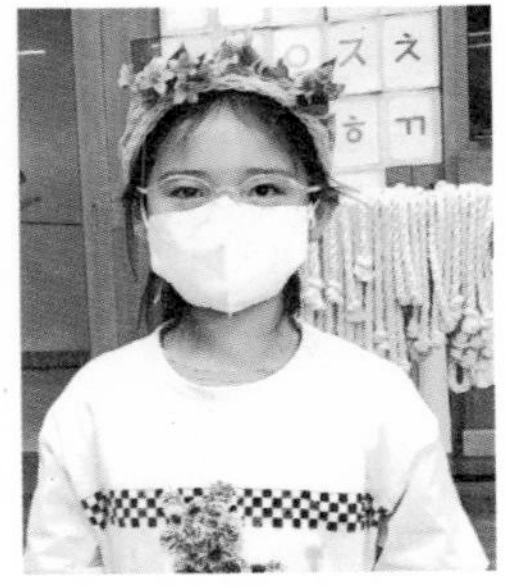

3.

4.

1. 경남 모미경 선생님 / 2. 충북 이상미 선생님 /
3. 경남 모미경 선생님(2022학년도 1학년 교실-어린이날 기념 반 아이들 선물) /
4. 세종시 강민주 선생님(2022학년도 1학년 교실-어린이날 기념 반 아이들 선물)

자연물을 이용해서 만들기

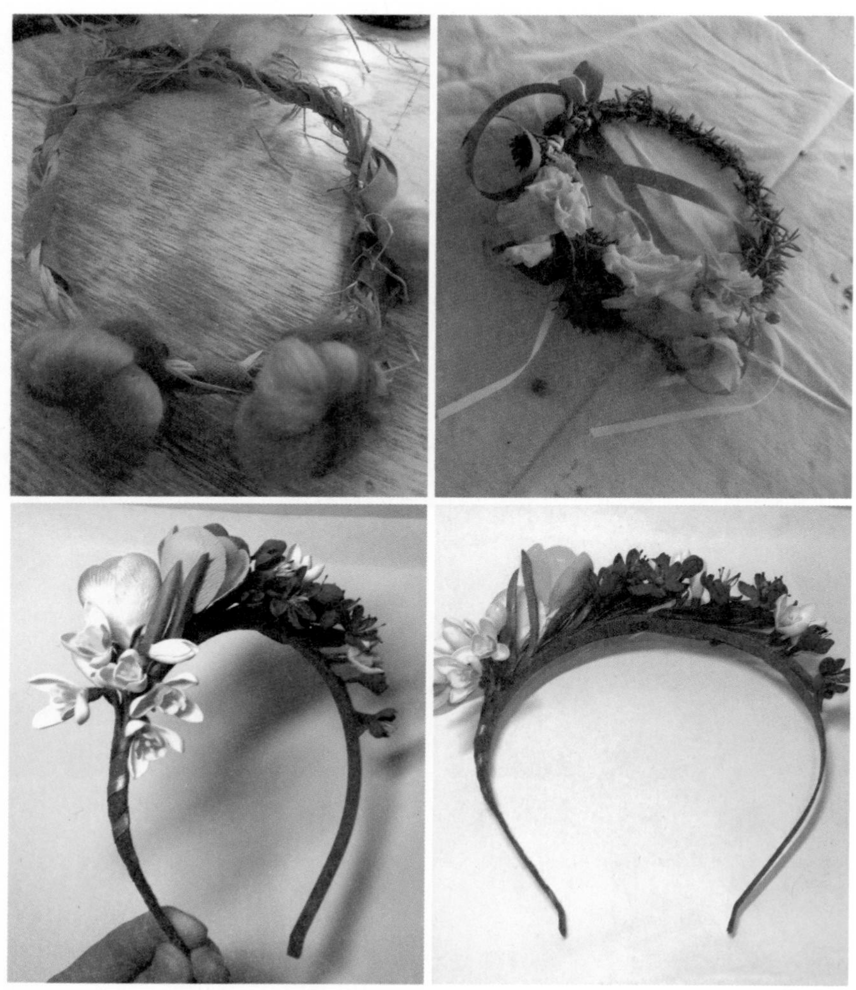

5.

5. 우크라이나 발도르프학교

다른 나라 사례

1.

2.

3.

4.

1. 체코 발도르프학교 /
2. 루마니아 발도르프학교 /
3. 독일 발도르프학교 /
4. 네덜란드 발도르프학교

5월에

창문 꾸미기

나비와 꽃 접어서 꾸미기

1.

2.

1. 경기 홍수정 선생님 / 2. 경남 김유진 선생님

3.

4.

5.

3. 광주 남옥인 선생님 / 4. 광주 한정화 선생님 / 5. 경북 박소은 선생님

6.

7.

8.

6. 경기 홍수정 선생님 / 7. 광주 장은주 선생님 / 8. 강원 민은경 선생님

태양의 영혼 만들기

준비물: 별종이 황금노랑 7×14cm, 17장 내외, 딱풀

만드는 방법

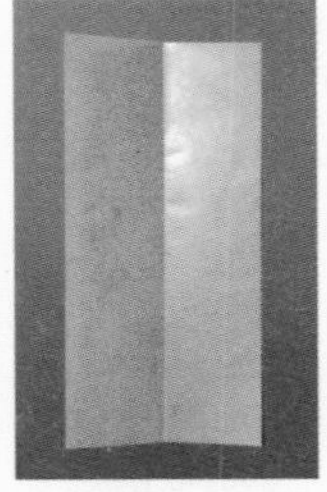

❶ 별종이를 긴쪽으로 반 접는다.

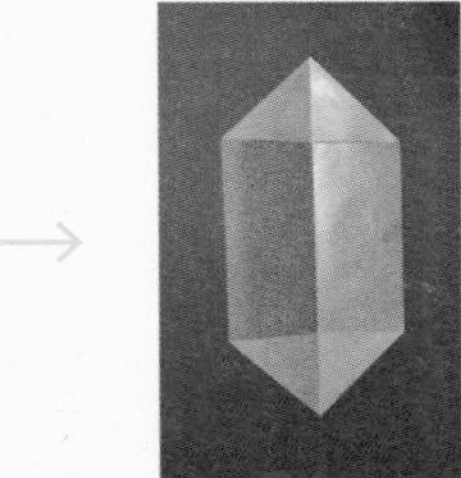

❷ 중심선에 맞추어, 위·아래 양 모서리를 접어내린다.(풀칠하여 고정)

❸ ②의 상태에서 다시 중심선에 맞추어 위·아래를 접는다.(풀칠하여 고정)

❹ 한쪽 끝만 선에 맞추어 접어 올린다.(17장 만들기)

❺ 가운데가 원이 되도록 17장을 이어 붙인다.(처음부터 풀로 강하게 붙이지 않고 원모양이 되도록 조정하면서 고정한다.)

❻ 완성하여 창문에 붙인다.

1.

2.

3.

4.

1. 제주 변경옥 선생님 / 2. 경남 신민정 선생님 /
3. 경남 김유진 선생님 / 4. 광주 남옥인 선생님

5월

영혼을 살찌우는 아름다운 노래

봄노래

모차르트 작곡
이 남 수 편곡
♩. = 63
1.저 산 에 진 달 래 꽃 빨 갛 게 피 어 나 고
2.종 다 리 하 늘 높 이 한 종 일 지 저 귀 고
산 그 늘 흰 눈 마 저 녹 아 사 라 - 지 면
소 치 는 아 이 들 도 버 들 피 리 - 불 면
나 살 던 옛 - 마 을 에 봄 철 - 이 찾 아 오 네
잊 었 던 내 - 맘 속 에 옛 노 - 래 떠 오 르 네
아 즐 겁 고 기 쁘 - 다 봄 노 - 래 부 - 르 세
아 즐 겁 고 기 쁘 - 다 봄 날 - 을 노 래 하 세

원곡 모차르트, 봄을 기다림(봄노래)
F장조, K.596

대상: 1-4학년

참고 음원 출처: www.youtube.com/watch?v=cOMUeBhZrbU

Menuett

G. Ph. Telemann

대상: 5학년 이상

참고 음원 출처: www.youtube.com/watch?v=-usvKv1BFV0

3부 여름

6월, 7월, 8월

식물은 봐라.
이것은 땅에 묶여 있는 나비다.
나비를 봐라.
이것은 우주에 의해 놓인 식물이다.

— 루돌프 슈타이너 박사

여름, 6월

6월에

계절탁자 꾸미기

6월에는 새 모빌이 중심을 이룬다.

옛이야기와 관련한 계절탁자 꾸미기

빨간장미와 흰장미

1.

2.

3.

1. 강원 김숙희 선생님 / 2. 경남 신민정 선생님 /
3. 강원 김주미 선생님

밀랍왁스로 장미 만들기

4.

5.

4. 강원 김주미 선생님 / 5. 경남 신민정 선생님

천지창조 수업(3학년)

광물학 관련(6학년)

다른 나라 사례

1.

2.

3.

1. 독일 발도르프학교 / 2. 네덜란드 발도르프학교 / 3. 루마니아 발도르프학교

4.

5.

6.

7.

8.

4. 영국 발도르프학교 / 5. 우크라이나 발도르프학교 / 6. 헝가리 발도르프학교 /
7. 이탈리아 발도르프학교 / 8. 독일 발도르프학교

6월에

창문 꾸미기

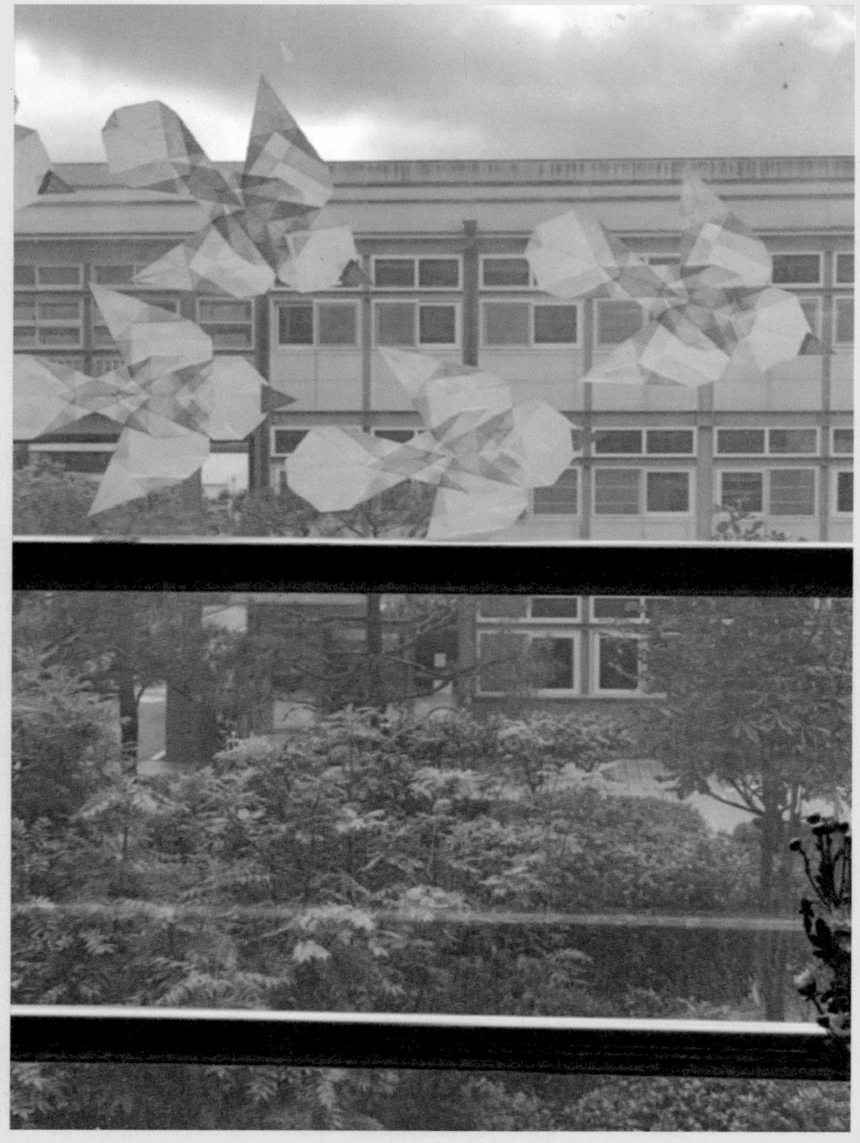

새 모빌 만들기 [1]

준비물 새 도안, 별종이(16×16cm),
양면 머메이드지(여러가지 색깔의 습식 수채화 작품),
칼, 가위, 낚싯줄 또는 실, 원형 수예틀

1. 5월 4주에 교실에 꾸며 놓는다.

만드는 방법 2.

1. 새 몸 만들기

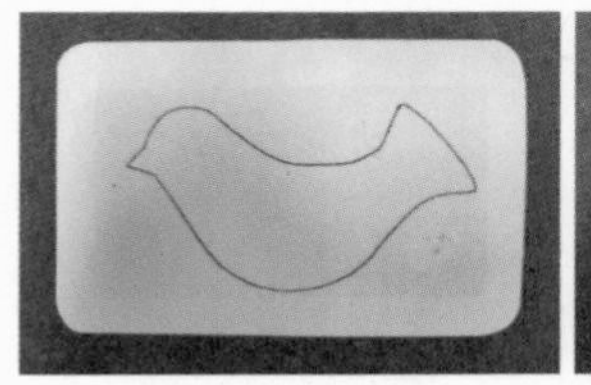

❶ 새 도안(길이 약 12cm)을 출력해서 오린다.

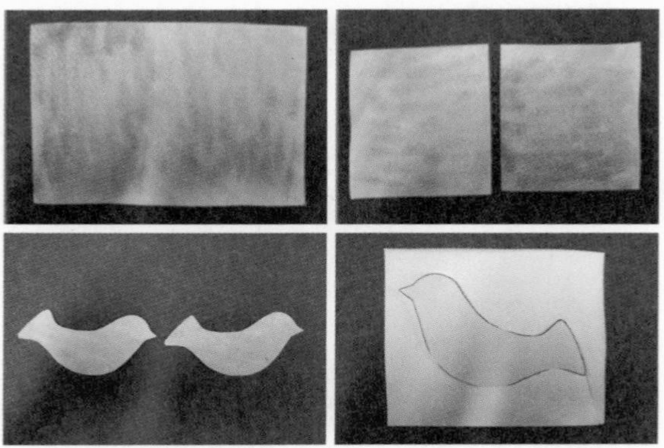

❷ 머메이드지 안쪽에 새도안을 살짝 붙여 같이 오린다.
습식수채화 용지는 양면으로 색칠하거나 두 장을 겹쳐 붙인다.

2. 날개만들기

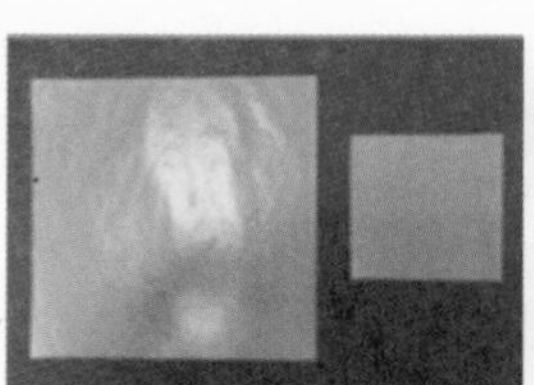

❸ 본날개(16×16cm)와 꼬리깃(8×8cm)용 별종이를 각각,
부채처럼 앞뒤 번갈아 가며 접는다.

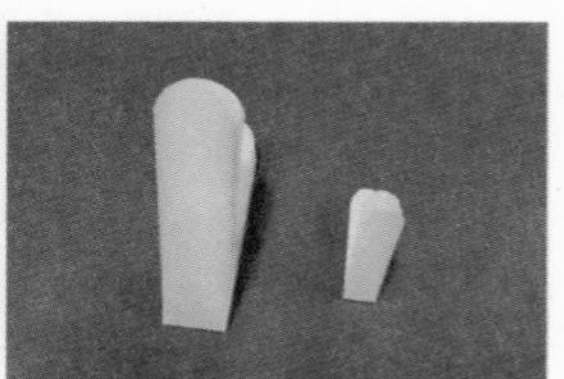

❹ 부채모양의 날개를 반으로 접고 끝부분을 둥글게 오린다.

3. 몸통과 날개 합치기

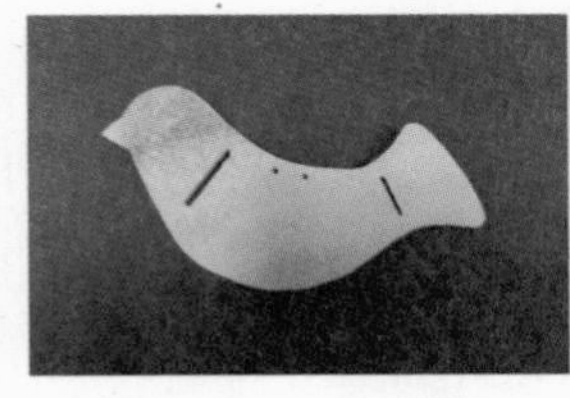

❺ 날개의 폭만큼 몸통에 칼집을 냅니다. 이때 낚싯줄을 끼울 구멍도 뚫어 둔다.

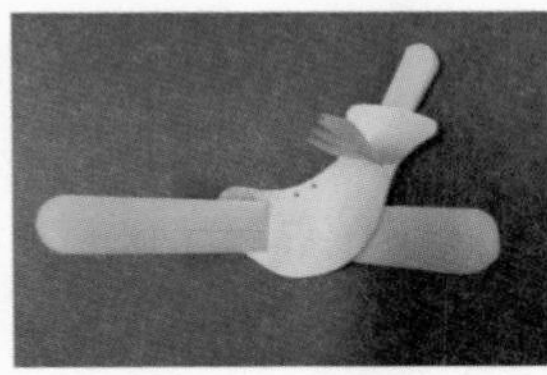
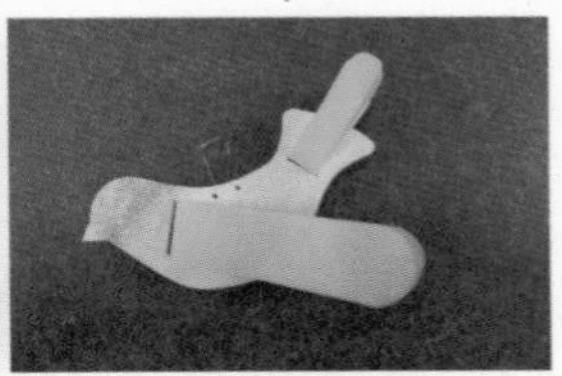

❻ 날개 길이 1/3, 날개 폭 1/2 정도 풀칠하여 날개를 몸통에 붙인다.

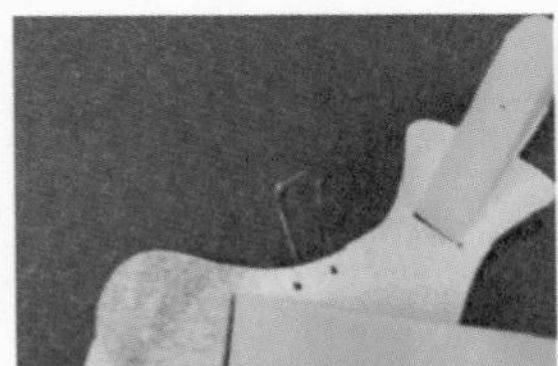
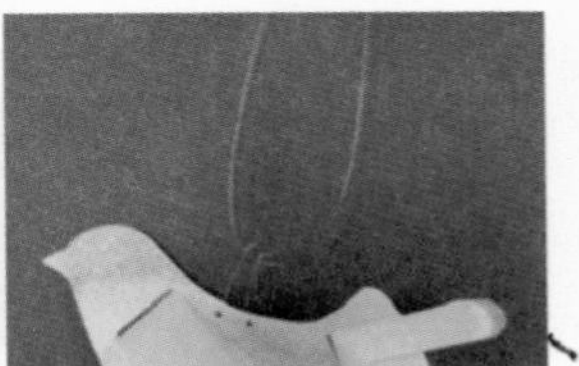

❼ 낚싯줄 작은 고리 두 개를 끼운 후 두 고리를 연결하는 긴 낚싯줄을 끼운다.

❽ 엄지와 검지를 접힌 부분 사이사이로 오가며 날개를 핀다.

2. 만드는 방법: 경남 모미명 선생님

새 모빌과 계절탁자 꾸미기 어울림

3.

4.

5.

6.

3. 경남 김은정 선생님 / 4. 경남 김유진 선생님 / 5. 광주 남옥인 선생님/ 6. 경남 모미경 선생님/
7. 제주 변경옥 선생님 / 8. 충북 이현하 선생님 / 9. 경기 박소영 선생님 / 10. 강원 김주미 선생님

그림형제 동화인 <요링게 요린데> 이야기에 나오는 새에 관한 내용을 실제 모빌로 만들어서 계절탁자와 꾸며 놓는다면 아이들에게 아주 좋은 교육 효과를 기대할 수 있다.

7.

8.

9.

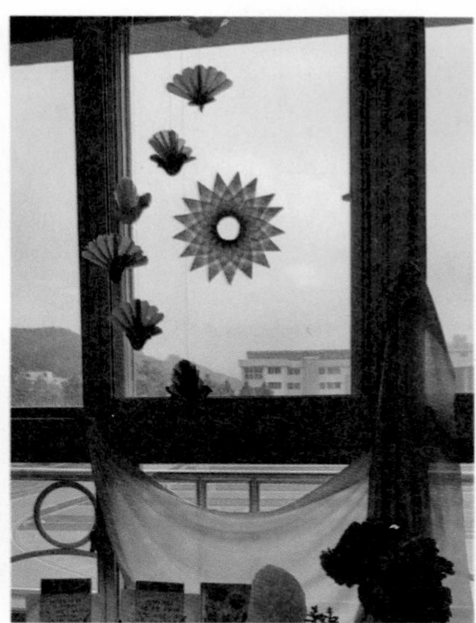

10.

비둘기 꾸미기

- 준비물: 별종이(흰색 8cm 정사각형 5장, 주황색 조금), 풀

만드는 방법

❶ 삼각 접기

❷ 좌우 끝을 안쪽으로 접기

❸ 아래쪽을 뾰족하게 접기(5개 만든다.)

❹ 2개를 선을 잘 맞춰 붙이기

❺ ④에 1개를 거꾸로 붙이기

❻ 뒤집어 나머지 2개를 이용해 날개 붙이기

❼ ⑥을 다시 뒤집어 주황색으로 부리 표현하기

실천사례

1.

2.

3.

1. 경남 김유진 선생님 / 2. 광주 박주희 선생님 / 3. 광주 장은주 선생님

6월

영혼을 살찌우는 아름다운 노래

모든 새들이 다 있네

대상: 1-4학년

참고 음원 출처: www.youtube.com/watch?v=F38gdgWQLXI

The Song of the Leaves

Photosynthesis

대상: 1-4학년

참고 음원 출처: www.youtube.com/watch?v=nuxxydQjngI

King of the Fairies

대상: 4학년 이상

참고 음원 출처: www.youtube.com/watch?v=vVog9dK42Ro

여름, 7월

7월에

계절탁자 꾸미기

7월에는 바다 풍경이 중심을 이룬다.

실천사례

1.

2.

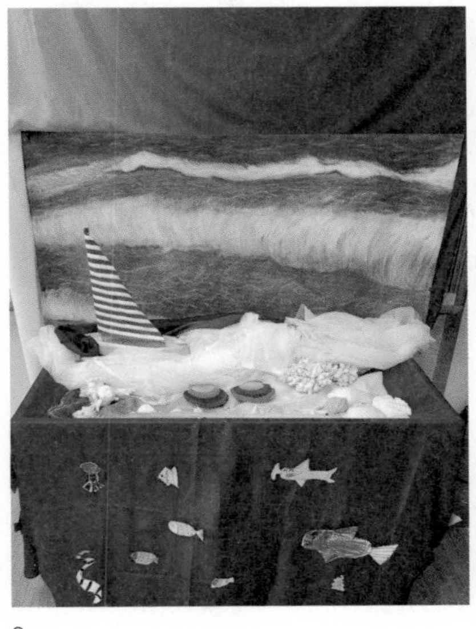

3.

4.

1. 경기 박소영 선생님 / 2. 경북 박소은 선생님 / 3. 충북 이현하 선생님 / 4. 제주 변경옥 선생님

5.

6.

5. 경남 배유진 선생님 / 6. 경남 김유진 선생님

다른 나라 사례

1.

2.

3.

4.

1. 미국 발도르프학교 / 2. 프랑스 발도르프학교 /
3. 스웨덴 발도르프학교 / 4. 벨기에 발도르프학교

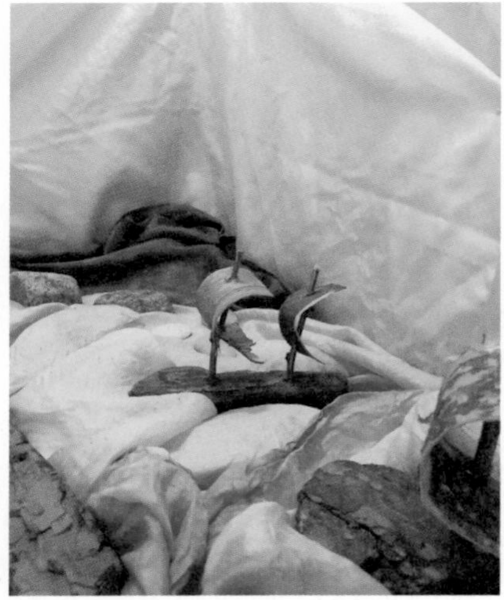

5.

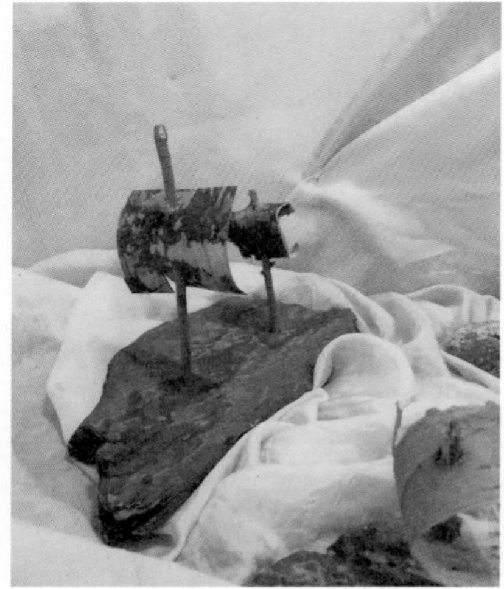

6.

5. 6. 핀란드 발도르프학교(4학년 북유럽신화와 관련)

7월에 창문 꾸미기

태양

준비물 별종이(빨강,주황,노랑,레몬노랑), 가위, 칼, 풀

만드는 방법 1.

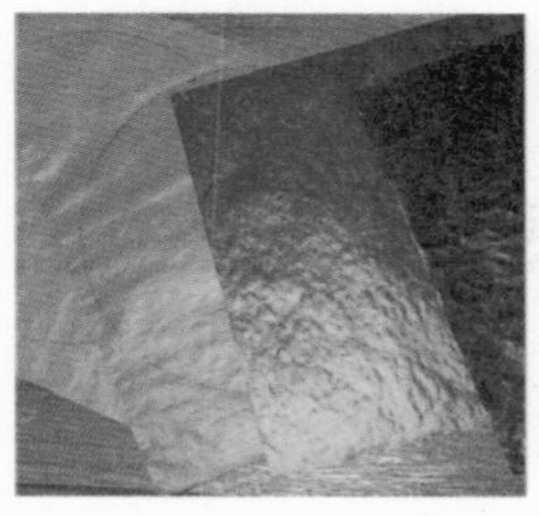

❶ 크기가 다르게 원 그리기

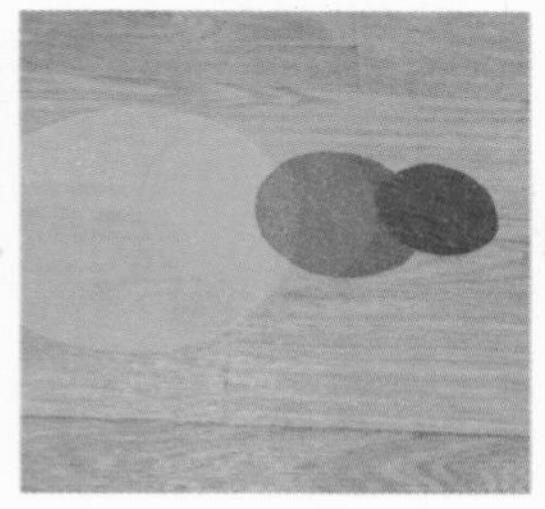

❷ 가위로 자르기

❸ 겹쳐 붙이기(첫번째 태양 완성)

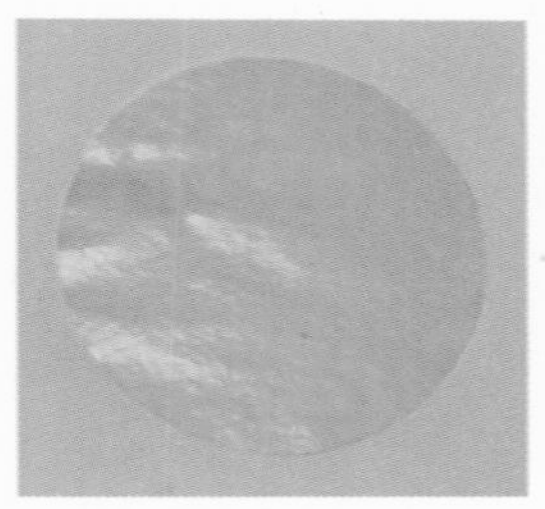

❹ 레몬노란색에 원 그려 자르기

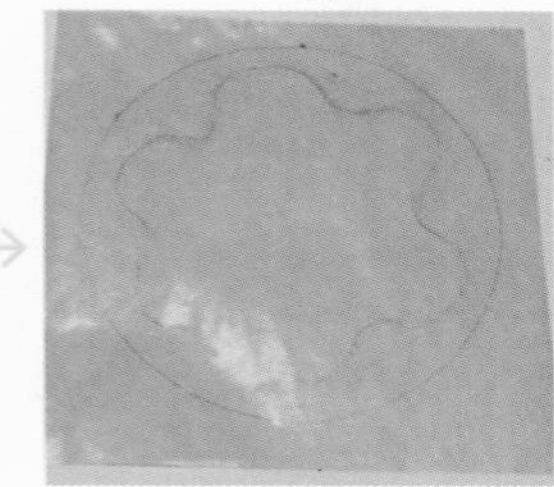

❺ 노란색에 레몬노란색 원보다 작은 크기로 빛 모양 그리기

❻ 가위로 자르기

❼ 주황색으로 노란색보다 작은 크기로 빛 모양 그리기

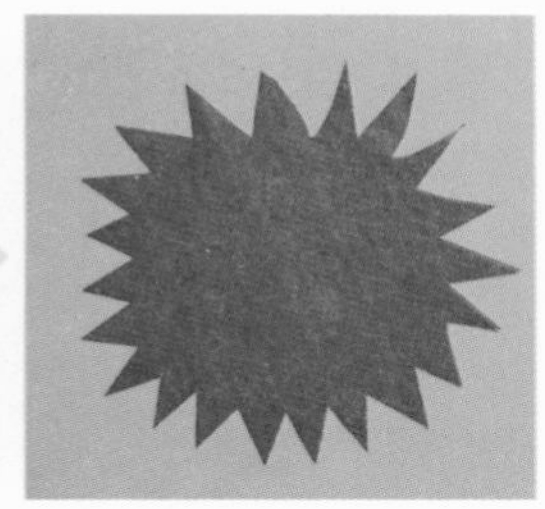

❽ 가위로 자르기

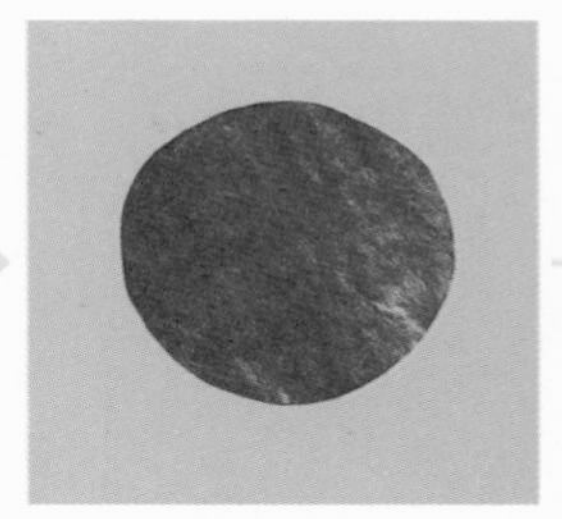

❾ 빨간색으로 작은 원 만들기

1. 만드는 방법: 경기 홍수정 선생님

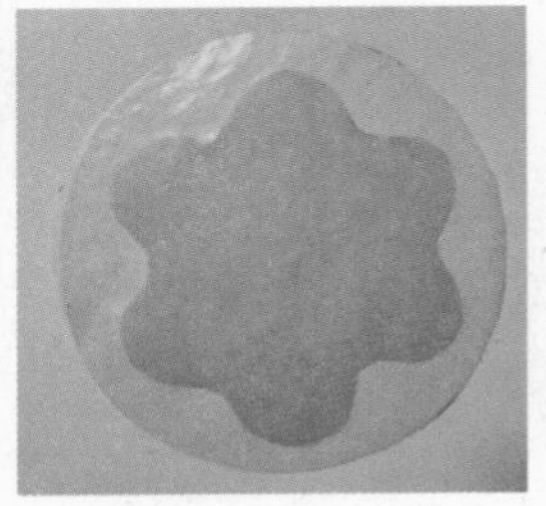

❿ 레몬노랑 위에 노랑 붙이기

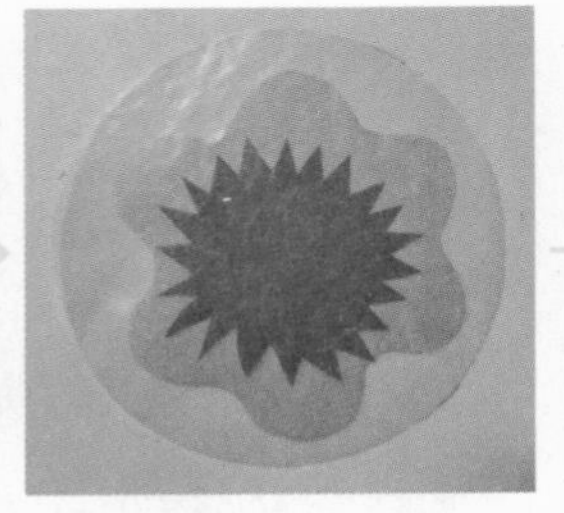

⓫ 그 위에 주황 붙이기

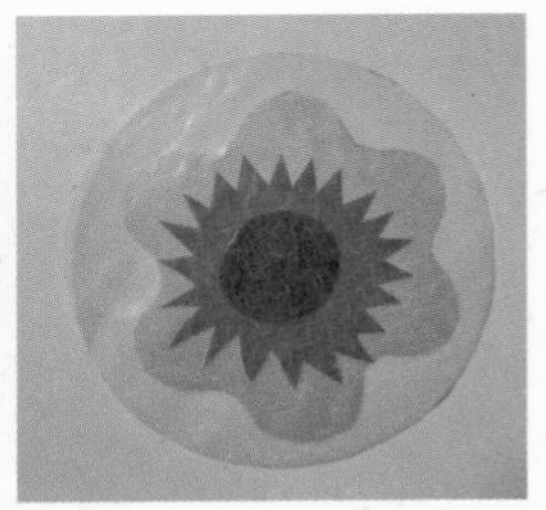

⓬ 그 위에 빨강 붙이기

⓭ 주황으로 물결 모양 만들어 붙이기(두번째 태양 완성)

⓮ 완성(창문에 붙인 모습)

유의점

- 별종이의 색깔마다 크기가 다르다. 크기의 비율을 생각하면서 만든다.
- 가위로 바로 자르기 어려우므로 연필을 이용해 밑그림을 그린 후 자르면 만들기 쉽다.

2.

3.

2. 강원 민은경 선생님 / 3. 경남 신민정 선생님

7월

영혼을 살찌우는 아름다운 노래

달팽이

F Gm C7 F C7
천천 히 천천 히 아 주 천천 히 숲 - 속 에 달 팽 이
5
F Gm C7 F C7 F
천천 히 천천 히 나뭇 잎 위 로 올 라 가 지 요

대상: 1-3학년

참고 음원 출처: www.youtube.com/shorts/_JiJdmujzQY

Song of the Sea
Yellow Belt

대상: 1-3학년

참고 음원 출처: www.youtube.com/watch?v=t8rAmWFVUGw

여름, 8월

8월에
계절탁자 꾸미기

8월에는 2학기 개학이 있다.
해바라기가 중심을 이루는데 9월 중순까지 꾸며 놓는다.

1.

2.

3.

1. 경남 김은정 선생님 / 2. 충북 이상미 선생님 / 3. 충북 이현하 선생님

4.

밀랍 왁스를 이용해서 해바라기 만들기를 하고 결과물을 함께 꾸며 놓으면 한층 더 멋진 계절탁자가 된다.

5.

4. 경남 모미경 선생님 / 5. 세종 강민주 선생님

6.

7.

6. 경기 박소영 선생님 / 7. 강원 김주미 선생님

8.

9.

2학기 개학날 칠판 그림

10.

8. 경기 박소영 선생님 / 9. 경남 신민정 선생님 / 10. 경남 김은정 선생님

다른 나라 사례

1.

2.

3.

4.

5.

6.

1. 독일 발도르프학교 / 2. 네덜란드 발도르프학교 /
3. 네덜란드 발도르프학교 / 4. 체코 발도르프학교 /
5. 스웨덴 발도르학교 / 6. 폴란르 발도르프학교

8월에 창문 꾸미기

해무리

준비물 레몬노랑 별종이, 딱풀

만드는 방법

1단계: 별 종이 8×8 cm - 8장

2단계: 별 종이 16×16 cm - 1장

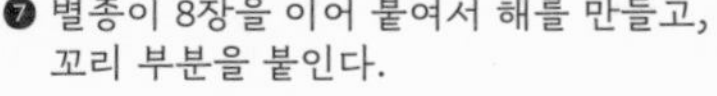

❼ 별종이 8장을 이어 붙여서 해를 만들고,
꼬리 부분을 붙인다.

❽ 해바리기들을 비추는 해무리

해바라기

준비물 레몬노랑 별종이 : (대) 8×8cm, (중) 6×6cm, (소) 4×4cm 각 16장, 딱풀, 수박씨 바싹 말린 것

만드는 방법

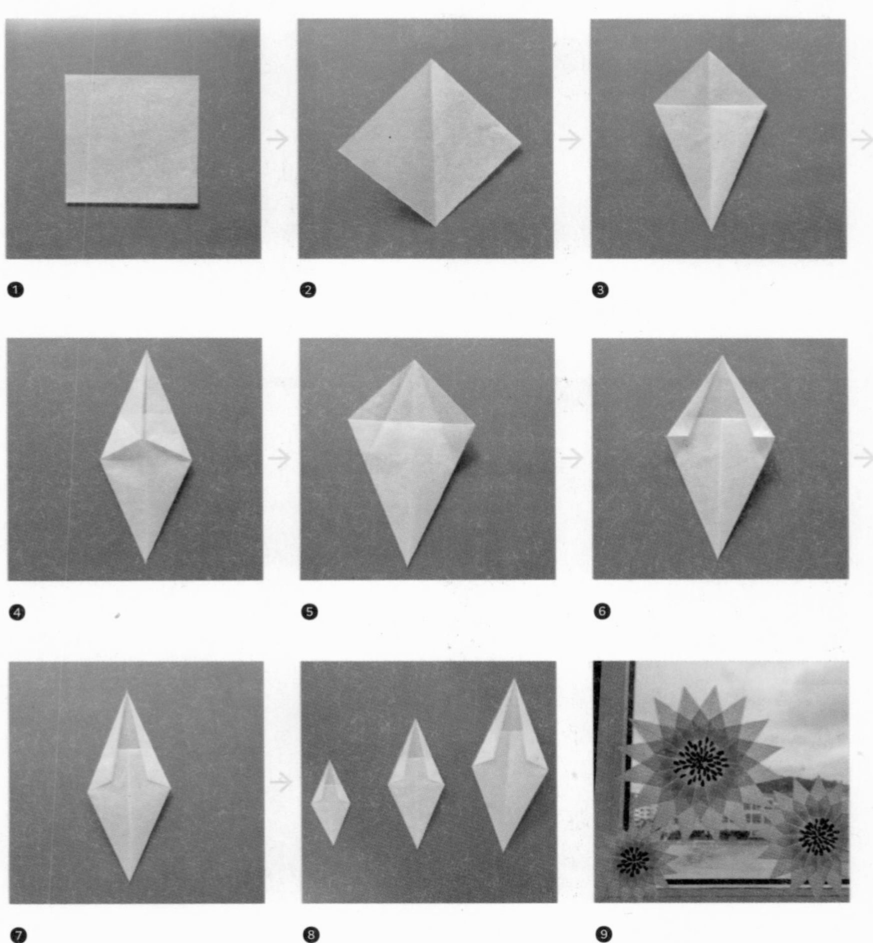

❶ ❷ ❸ ❹ ❺ ❻ ❼ ❽ ❾

- 별 종이(대), (중), (소) 각 16장을 같은 방법으로 접는다.
- 16장을 이어 붙이면 위와 같은 해바라기 꽃 모양이 된다.
- 대, 중, 소 해바라기 완성한다.
- 바싹 말린 수박씨나 해바라기씨로 가운데 씨앗 부분을 표현한다.

실천사례

1.

2.

3.

4.

1. 경기 박소영 선생님 / 2. 강원 민은경 선생님 /
3. 광주 백형진 선생님 / 4. 경북 박소은 선생님

8월

영혼을 살찌우는 아름다운 노래

붕붕붕

대상: 4학년 이하

참고 음원 출처: www.youtube.com/watch?v=KeRM98Bp8lo

4부 가을

9월, 10월, 11월

나뭇잎들은 바람의 속삭임을 듣자마자
모두 펄럭이며 땅으로
내려오기 시작한다.
나뭇잎들은 갈색 들판 위로
빙글빙글 돌기도 하고
먼 곳으로 살랑살랑 날아간다.
나뭇잎들은 부드러운 조용한 노래를 부른다.

가을, 9월

9월에 계절탁자 꾸미기

9월은 가을걷이에 초점을 맞추어 꾸며 놓는다.

1.

2.

1. 강원 김숙희 선생님 / 2. 경남 홍의화 선생님

3.

4.

5.

6.

7.

3. 충북 이현하 선생님 / 4. 경기 박소영 선생님 /
5. 제주 변경옥 선생님 / 6. 폴란드 발도르프학교 /
7. 세종 강민주 선생님

다른 나라 사례

1.

2.

3.

1. 체코 발도르프학교 / 2. 노르웨이 발도르프학교 / 3. 독일 발도르프학교

9월에

창문 꾸미기

도토리 꾸미기

준비물　　　　　　검은 도화지, 칼, 풀, 별종이

만드는 방법 1.

❶ 도안 그리기

❷ 칼로 오리기

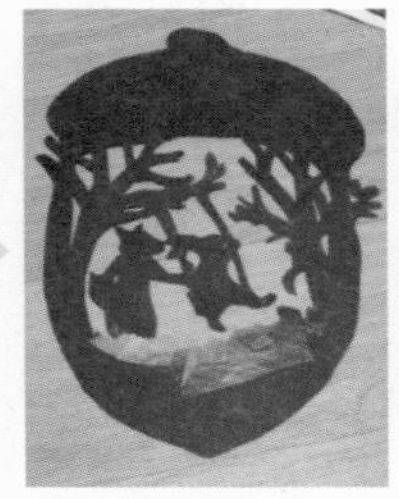
❸ 뒤에 풀을 표현하기

❹ 연두색, 초록색 겹쳐 표현하기

❺ 풀 부분 완성 모습

❻ 나뭇잎 붙이기 (연두, 주황을 이용해 단풍 표현)

❼ 노랑색으로 달(또는 해) 표현하기

❽ 레몬 노랑으로 비치는 모습 표현하기

❾ 바탕에 떨어진 나뭇잎 표현하기

❿ 최종 완성

1. 만드는 방법: 경기 홍수정 선생님

실천사례

2.

3.

2. 경기 박소영 선생님 / 3. 제주 변경옥 선생님

도토리 접어서 붙이기 [4]

준비물 별종이 주황색 또는 초록색 계열의 밝은 색, 짙은 갈색 계열 별종이

도토리 몸통 접기

❶ 가로 6.6×세로 9.8cm로 별종이를 자른다.

❷ 중심선에 맞춰서 아래, 위쪽을 세모 모양으로 접는다.

❸ 아래쪽 세모를 위쪽 세모의 밑선에 맞춰서 접는다. 몸통 완성.

도토리 뚜껑 접기

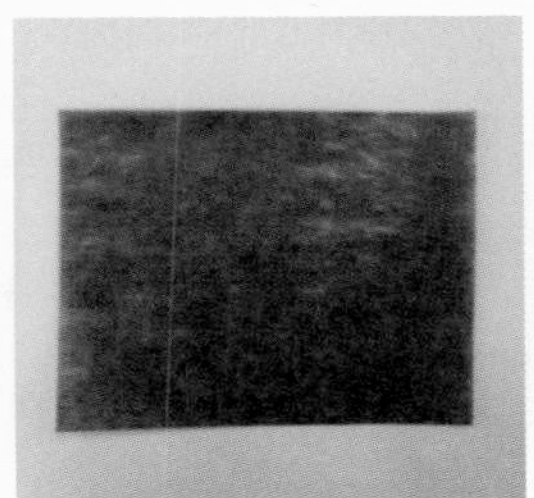

❶ 가로 10×세로 7.8cm(또는 8cm)로 별종이를 자른다.

❷ 중심선에 맞춰서 위쪽을 세모 모양으로 접는다.

❸ 아래쪽 네모 부분을 반 접어 올린다.

4. 경남 김유진 선생님

도토리 몸통과 뚜껑 합치기

❶ 만들어둔 몸통을 뚜껑에 붙인다. 아래쪽 네모 높이의 절반 정도까지만 오도록 중심선을 맞춰서 붙인다.

❷ 뚜껑의 위쪽 뾰족한 부분을 몸통 윗선 중심에 맞춰 내려 접는다.

❸ 뚜껑의 좌우 부분을 안쪽으로 비스듬히 접는다. 좌우대칭을 이루도록 한다.

❹ 뚜껑과 같은 색으로 꼭지를 자른다.

❺ 꼭지를 뚜껑 위쪽에 붙인다.

❻ 뒤집으면 완성.

5.

6.

7.

8.

5. 경남 김은정 선생님 / 6. 경기 박소영 선생님 /
7. 충남 고동연 선생님 / 8. 경남 신민정 선생님

9.

10.

9. 경북 박소은 선생님 / 10. 제주 변경옥 선생님

9월

영혼을 살찌우는 아름다운 노래

가을이 오면

Autumn Comes

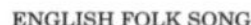
ENGLISH FOLK SONG

1.가 을 오 네 여 름 가 고 겨 울 곧 다 가 와
2.가 을 오 네 기 뻐 하 며 가 을 노 래 하 자
별 빛 더 맑 게 하늘 더 가깝 게 보 름 달 아 래 서
마 음 더 가볍 게 밤은 더 밝 게 보 름 달 아 래 서

대상: 1-4학년

참고 음원 출처: youtu.be/C8Yqc08TVPk

Autumn Leaves

Softly Tread

A. Gladstone

P.Patterson

부 드 럽 게 고 요 히 하 늘 에 서 땅 으 로
울 긋 불 긋 내 려 와 부 드 럽 게 밟 아 요.

대상: 1-4학년

참고 음원 출처: www.youtube.com/shorts/b2suHGXj140

Lauda

대상: 5학년 이상

참고 음원 출처: youtu.be/BN4-x1zZwbA

가을, 10월

10월에 계절탁자 꾸미기

10월은 가을 열매에 초점을 맞추어 꾸며 놓는다.

실천사례

충남 고동연 선생님 / 경남 신민정 선생님 /
경북 박소은 선생님 / 경북 박소은 선생님

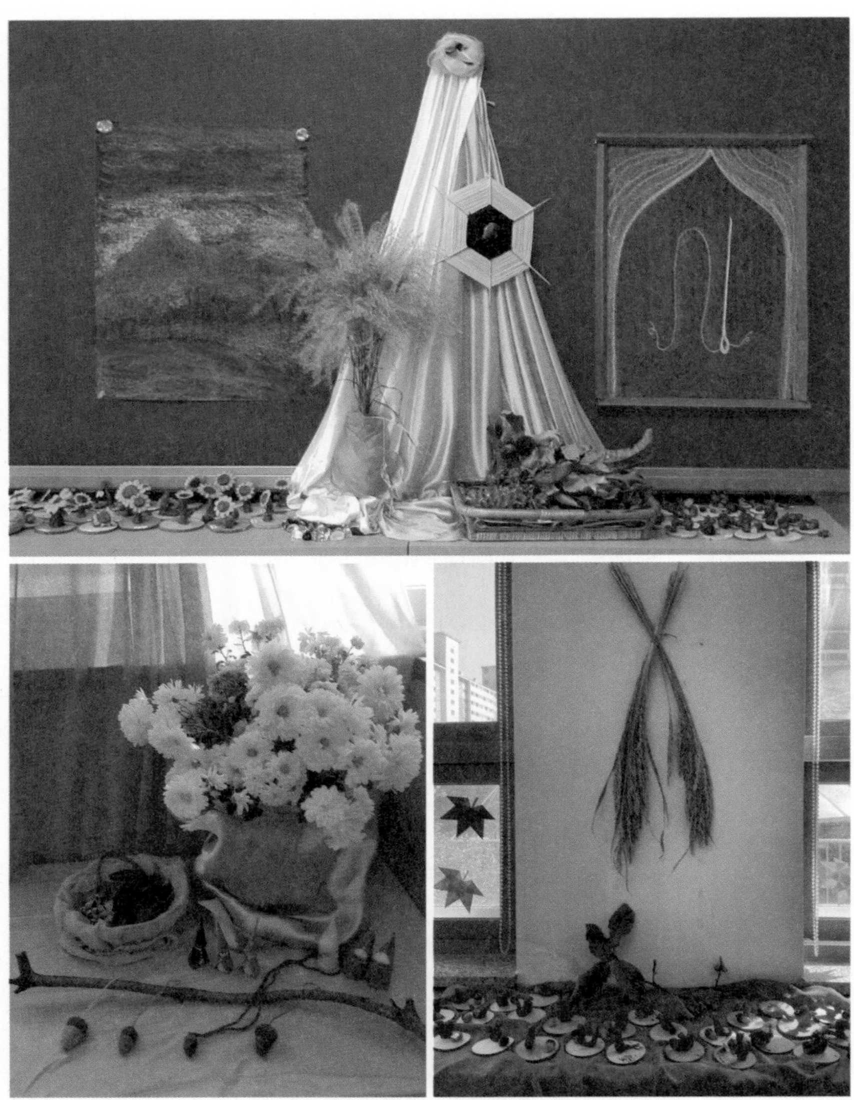

강원 김주미 선생님/ 충북 이상미 선생님/
경기 박소영 선생님

다른 나라 사례

독일 발도르프학교 / 네덜란드 발도르프학교 /
헝가리 발도르프학교 / 체코 발도르프학교 /
루마니아 발도르프학교 / 노르웨이 발도르프학교

밤 모빌

- 준비물: 밤(*동그란 알밤), 대바늘, 송곳, 색깔별 털실

1) 만드는 방법

실천사례

광주 한정화 선생님/ 경남 조미경 선생님

나뭇잎을 이용해서 창문에 예쁜 장식 꾸미기

준비물 여러 색깔과 모양의 나뭇잎 여러 개, 딱풀

먼저 준비한 나뭇잎을 가지고 가지런히 정리한 다음 모양대로 색깔대로 딱풀로 풀칠을 한다. 그런 다음 창문에 붙여 가는데 모양을 사각형 모양으로 붙여나간다. 나뭇잎을 다 붙이면 햇빛에 비추어지는 모습이 더욱 아름답게 느껴진다. 유치원 교실이든 학교 교실이든 아니면 자기집 창문에 꾸며 놓아도 좋다.

주의할 점은 나뭇잎에 풀을 조금 칠하면 나중에 나뭇잎이 떨어질 수 있으므로 처음 칠할 때 충분히 칠한다. 될 수 있으면 테이프는 이용하지 않도록 한다. 자연 그대로를 살린다.

양모나 밀랍으로 가을 열매 만들기

도토리 목걸이와 고리

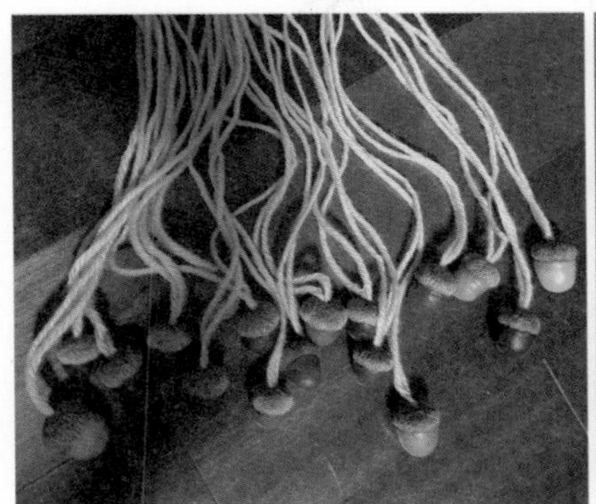

충남 고동연 선생님 /
강원 민은경 선생님 /
경기 박소영 선생님

광주 남옥인 선생님 /
광주 한정화 선생님 /
제주 변경옥 선생님

밤 달팽이

※ 밤 모양은 가능하면 동그란 것이 좋음.

호두 생쥐

준비물　　호두, 색깔별 양모 펠트천, 글리건, 가위, 털실 따위

경기 박소영 선생님 / 광주 박주희 선생님 /
광주 한정화 선생님 / 강원 민은경 선생님

호두 거북이와 버섯 밀랍

광주 한정화 선생님

호두 난쟁이 요정

광주 한정화 선생님

1) 만드는 방법

① 글루건으로 떨어지지 않게 잘 붙인다.
② 준비한 양모 펠트천을 그림과 같이 오린다.
③ 바느질을 꼼꼼하게 한다.
④ 완성이 되었으면, 모자에 솜방울이나 쇠방울을 달기도 한다.

①

③

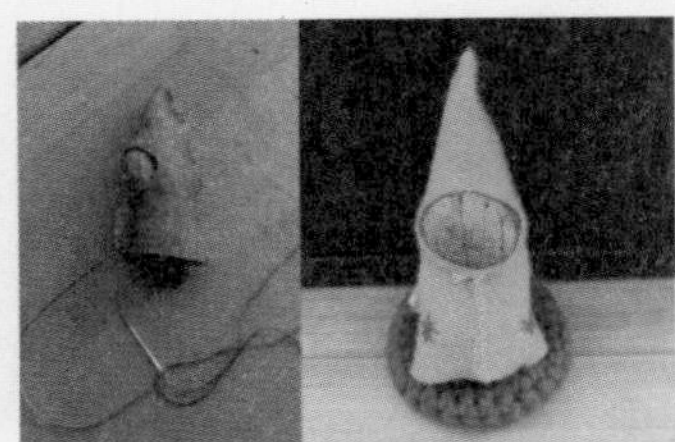

②

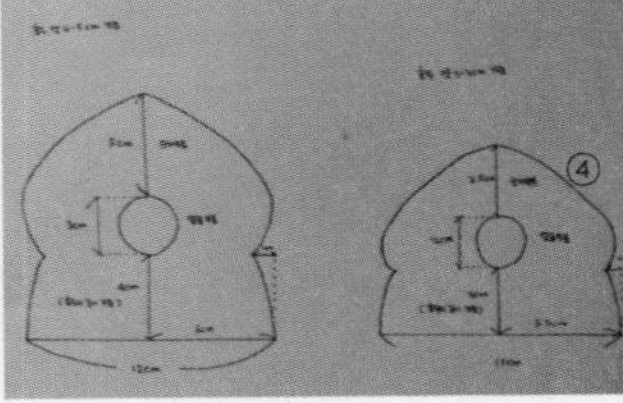

④

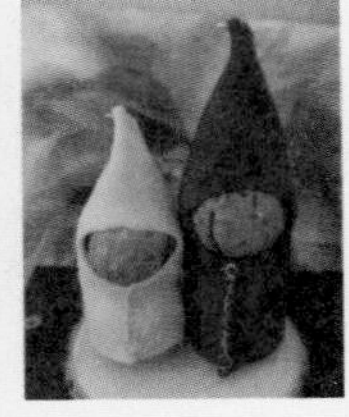

경북 박소은 선생님

10월에

창문 꾸미기

단풍잎 꾸미기 [1]

준비물

별종이(빨강과 주황)
대 10cm×10cm 3장, 중 8cm×8cm 2장,
소 1cm×6cm 1장
별종이(노랑)
대 8cm×8cm 3장, 중 6cm x 6cm 2장,
소 1cm×6cm 1장

만드는 방법

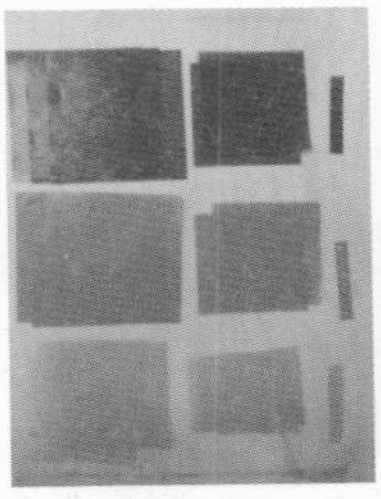

❶ 빨강, 주황, 황금노랑 별종이를 크기에 맞게 자른다.

❷ 대, 중 크기의 별종이를 4등분으로 접는다.

❸ 방석접기하여 풀칠한다.

❹ 중심선에 맞게 안쪽으로 접고 풀칠한다.

❺ 5장 모두 동일하게 접은 후, 큰 별종이와 중간 크기 별종이를 사진과 같이 붙인다.

❻ 반대쪽 방향으로도 큰 별종이과 중간 크기 별종이를 붙인 후 서로 맞댄다.

❼ 큰 별종이를 가운데 중심선에 맞추어 붙인 후 단풍잎 모양을 만든다.

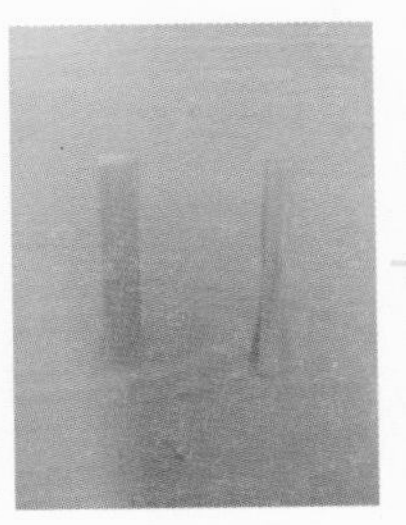

❽ 작은 크기 별종이를 반으로 접어 풀칠하여 단풍잎 꼭지를 만든다.

1. 만드는 방법: 경남 모미경 선생님

❾ 단풍잎을 뒤집어 나뭇잎 꼭지를 적절한 위치에 붙인다.

❿ 단풍잎 꼭지를 구겨 자연스러운 나뭇잎을 만든다.

⓫ 빨강, 주황, 노랑 단풍잎을 동일한 방법으로 접어 창문을 꾸민다.

경남 김유진 선생님 / 강원 민은경 선생님 /
제주 변경옥 선생님 / 경기 박소영 선생님 /
경남 모미경 선생님

다람쥐 꾸미기

1) 만드는 방법

경기 홍수정 선생님

실천사례

충북 이상미 선생님 / 광주 한정화 선생님

옛이야기 꾸미기(헨젤과 그레텔)

1) 만드는 방법

① 도안 그리기
② 칼로 오리기
③ 칼로 다 오리기 완성 모습

① 

② 

③ 

④ 창문, 풀 등 작은 부분 붙이기
⑤ 바탕 연두색 일부분 붙이기
⑥ 연두색 겹치게 붙이기

④ 

⑤ 

⑥ 

⑦ 초록색 겹치게 붙이기
⑧ 바탕 보라색 붙이기(이미 붙여진 창문 부분은 피해서 붙이도록 함)
⑨ 보라색 바탕 일부분 겹치게 붙이기(두 번째)

경기 홍수정 선생님

⑩ 보라색 바탕 일부분 겹치게 붙이기(세 번째)
⑪ 윗부분 나무에 붙일 잎 표현하기
⑫ 전체 크기로 흰색 별종이 또는 기름종이 붙이기

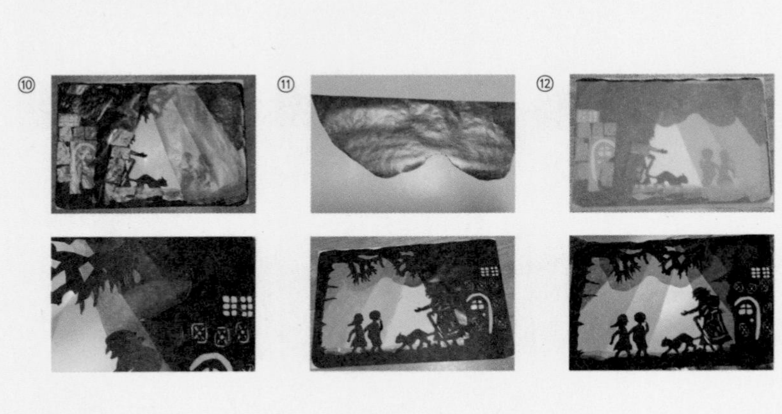

실천사례

제주 변경옥 선생님 / 강원 김주미 선생님

10월

영혼을 살찌우는

아름다운 노래

헨젤과 그레텔

5
9
13
헨 젤 과 그레 텔 은 착 한 아 이 들
아버 지 와 새 엄 마 는 음 식 이 없 어 가
장 어 두 운 숲 속 에 남 겨 두 려 고 불
쌍 한 두 남 매 는 착 한 아 이 들

대상: 2학년 이하

참고 음원 출처: youtu.be/FgpN2xDgQhE

가을, 11월

11월에 계절탁자 꾸미기

11월은 꽈리와 호박에 초점을 맞추어 꾸며 놓는다.

실천사례

경남 모미경 선생님 /
경남 김유진 선생님

경남 김은정 선생님 / 경북 박소은 선생님 /
제주 변경옥 선생님 / 경남 신민정 선생님 /
광주 남옥인 선생님

※ 〈룸펠슈틸츠헨〉 동화 밀랍 작업

※ 〈브레멘 음악대〉 동물 밀랍 작업

※ 양모로 호박 작업

앞 장 부터 순서대로
충북 이현하 선생님 / 강원 김주미 선생님 / 강원 민은경 선생님 /
경기 박소영 선생님 / 광주 백형진 선생님 / 충북 이상미 선생님 /
광주 한정화 선생님 / 경남 홍의화 선생님

다른 나라 사례

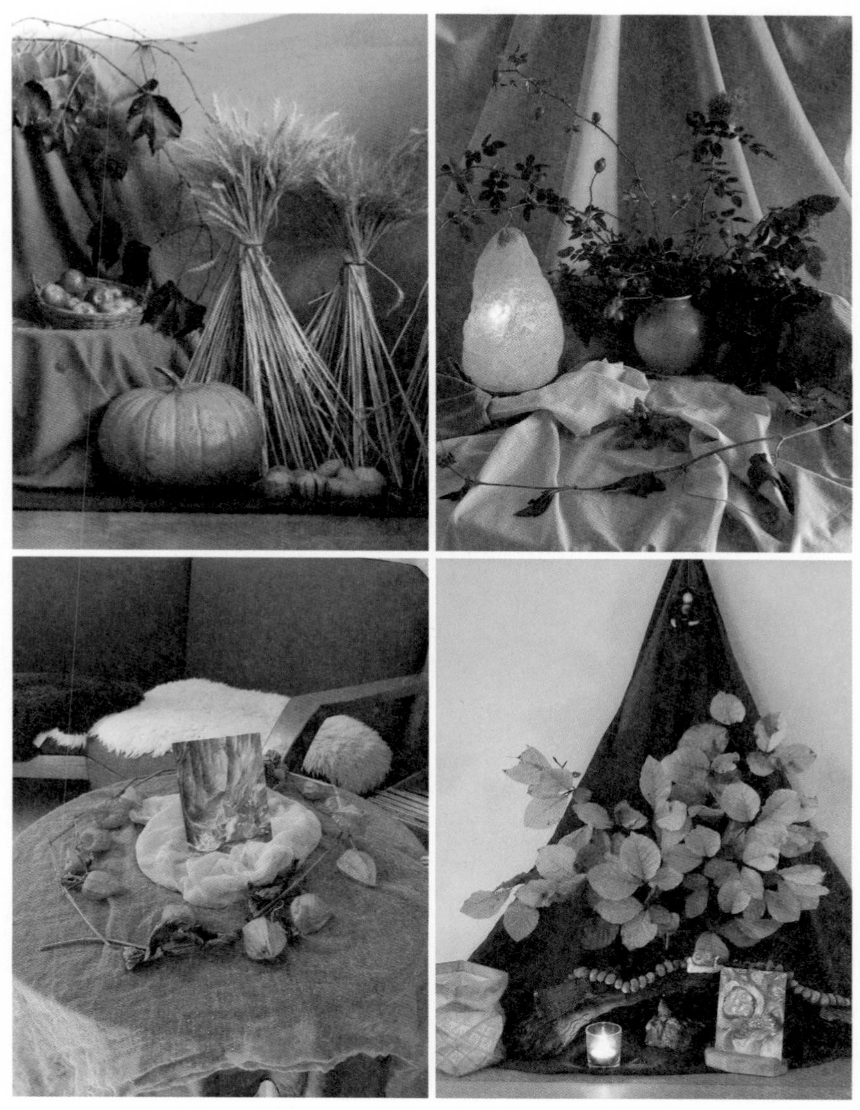

앞 장 부터 순서대로
독일 발도르프학교 / 네덜란드 발도르프학교 / 체코 발도르프학교 /
미국 발도르프학교 / 우크라이나 발도르프학교 /
크로아티아 발도르프학교 / 오스트리아 발도르프학교

전등 만들기

- 준비물 자, 가위, 커트칼, 습식수채화 머메이드종이, 식용유, 에센셜 오일, 붓, 딱풀, 받침판

1) 만드는 방법

① 습식 수채화에 쓰였던 머메이드종이를 이용한다.
② 오각형 모양으로 오리는데 5-9cm 크기를 선택함. 10개의 오각형이 필요함.
③ 종이를 뒤집고 날카로운 연필을 써서 오각형 10개를 그린다.
템플릿(template) 써서 각 측면을 따라 중간 지점을 표시한다.
④ 2개의 중간 지점 사이의 선을 따라 점수를 매긴다.
이때 이것을 위해 무딘 칼을 쓴다(자극을 내기 위함)
⑤ 10개의 오각형 모두에 대해 각 중간점 사이에 선을 계속 표시한 다음 모두 잘라낸다.
⑥ 번호가 매겨진 모든 선을 조심스럽게 접는다.
⑦ 오각형을 함께 붙이기 시작함. 하나의 삼각형 모서리는 다른 부분과 겹치고
다른 모서리는 아래로 간다. 이런 식으로 오각형 5개를 계속 붙인다.
⑧ 5개의 오각형이 서로 붙어 있다.
⑨ 5개의 오각형을 함께 붙여 고리를 만든다.
⑩ 오각형 안쪽에 삼각형 모서리를 붙인다.
⑪ 나머지 5개 오각형에 대해 7-10단계를 다시 되풀이한다.
⑫ 이제 두 개의 삼각형 안쪽에 겹치는 부분을 함께 고정한다.
삼각형 모서리 중 하나는 위, 다른 하나는 아래에 놓고 제자리에 붙인다.
천천히 조심스럽게 작업하여 잘 붙었는지 확인한다.

⑬ 약간의 식용유와 몇 방울의 에센셜 오일을 섞고 넓고 부드러운 붓으로 칠한다. 말려두었다가 여분을 부드럽게 두드려 준다. 이 단계는 종이를 반투명하게 만들고 조명을 켰을 때 랜턴이 아름답게 빛나도록 하기 때문에 중요하다.
⑭ 꼬마전구 위에 만든 전등을 올려놓고 아름다운 불빛을 즐긴다.

투명한 꼬마 전등 만들기

- 준비물: 흰색 별종이로 사각형 크기는 27×27cm, 해바라기 기름 약간.

1) 만드는 방법

① 별종이에 해바라기 기름을 바르면 양초에 더 안전할 뿐만 아니라 불을 붙였을 때 종이에 반투명한 느낌을 주어 빛이 수채화를 통해 아름답게 빛날 수 있다.
② 기름이 마르면 접는다.
③ 두 가지 방법으로 십자 모양을 만들기 위해 종이를 중앙 아래로 접는다.
④ 종이를 뒤집고 이제 모서리에서 모서리로 접는다.
용지를 다시 뒤집고 이 위치에서 용지를 가운데로 부드럽게 밀어 넣는다.
⑤ 종이가 자연스럽게 접히기 시작하고 정사각형으로 평평하게 접을 수 있다.
사각형의 잎을 위로 들어 올린다.
⑥ 부드럽게 아래로 눌러 종이 잎을 따라 원뿔을 만든다.
⑦ 평평하게 누르고 접는다. 종이 중앙 접는 선이 아래 선과 정렬되도록 한다.
⑧ 모두 평평하게 접히고 종이가 가운데가 갈라진 연 모양과 비슷해질 때까지 계속함.
⑨ 책의 페이지처럼 각 조각을 돌리고 오른쪽 모서리가 모두 접힐 때까지 접는 과정을 되풀이함.
⑩ 이 과정을 되풀이하고 각 삼각형을 뒤에 넣으면 종이접기 보석처럼 보이는 것이 남게 됨.
⑪ 완료되면 탁자 위에 뾰족하게 아래로 잡고 별을 부드럽게 밀어내고 각 지점을 탁자의 평평한 부분으로 부드럽게 밀어 손가락을 써서 바닥을 만든다.
원하는 만큼 얕거나 깊을 수 있다.

11월에

창문 꾸미기

직관의 별 접기

- 준비물: 별종이 10cm×10cm 색깔별 각 1장(레몬노랑, 황금노랑, 주황, 빨강, 연두, 초록, 파랑, 보라), 딱풀

경남 모미경 선생님

준비물

1) 만드는 방법

① 정사각형의 종이를 가로, 세로 반으로 접어 펼친다.
② 각 꼭지점이 중심에 닿도록 접는다.(방석접기)
③ (마름모로 놓고) 위 두 세모를 옷깃처럼, 옆 모서리에 닿도록 접는다.
④ (마름모로 놓고) 나머지 두 세모를 짧은 옷깃처럼, 아래 모서리에 닿도록 접는다.
⑤ 들 뜬 부분이 없도록 풀칠한다.
⑥ 들 뜬 부분이 없도록 풀칠한다.

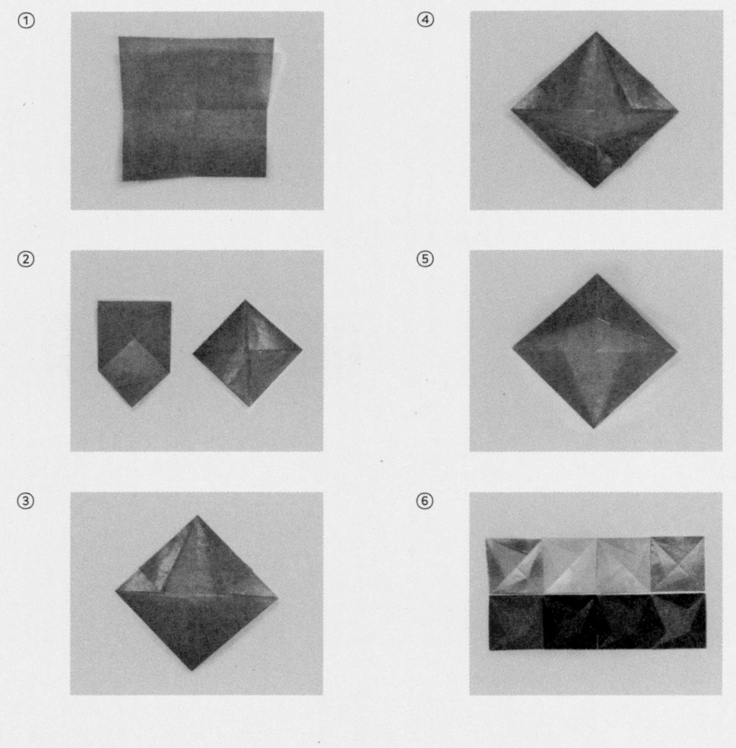

⑦ 대각선에 다음 종이의 모서리가 닿도록 돌아가며 8장을 붙여 완성한다.

⑦

⑨

⑧

⑩

나뭇잎 접기

- 준비물: 별종이 8cm×8cm 색깔별 각 2-3장
(빨강, 주황, 갈색, 초록, 황금노랑)

1) 만드는 방법

① 별종이를 마름모 모양으로 놓는다.
② 산 모양으로 접는다.
③ 아랫 부분을 비스듬히 접어 올린다.
④ 산 모양 꼭지점에 맞추어 반으로 접는다.
⑤ 앞 부분을 병풍접기한다.
⑥ 뒤로 돌려 반대쪽도 같은 폭으로 병풍접기 한다.
⑦ 병풍접기 한 것을 펼친다.
⑧ 비스듬히 접은 부분이 아래로 가도록 양쪽 다 펼친다.
⑨ 중앙선에 맞추어 양쪽 산의 꼭지를 안으로 접는다.
⑩ 나뭇잎 아래와 위를 양쪽 균형을 맞추어 약간씩 접는다.
⑪ 비스듬히 접은 부분이 나뭇잎 모양 접는다.
⑫ 여러 가지 색의 나뭇잎을 창문에 붙여 꾸민다.

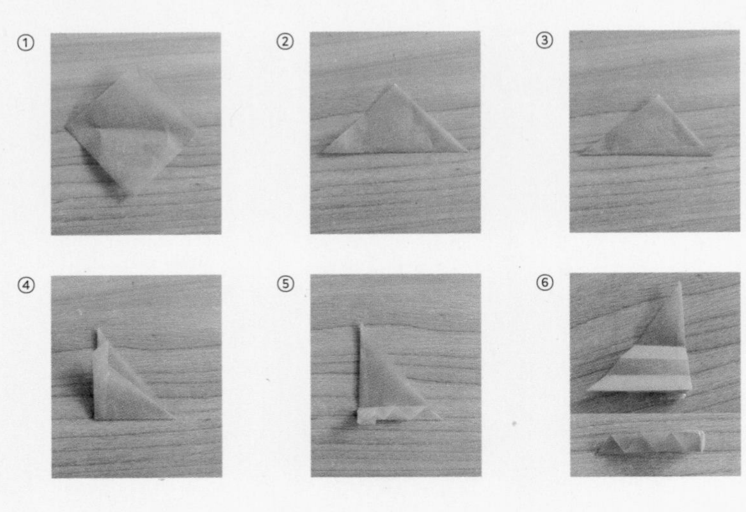

경북 박소은 선생님

호박 창문 꾸미기

- 준비물: 검정 도화지, 별종이, 가위, 조각칼, 딱풀

1) 만드는 방법 — 호박

① 검정 도화지에 도안 보고 호박 그림 그리기
② 가위로 테두리 부분을 자르고 안쪽은 칼로 자르기
③ 검정 도화지에 도안 보고 나뭇잎 그림 그리기
④ 가위로 테두리 부분을 자르고 안쪽은 칼로 자르기
⑤ 주황색 별종이를 호박의 안쪽 부분보다 크게 잘라 붙인다.
⑥ 나머지 칸도 주황색 별종이로 붙인다.
⑦ 호박 잎 부분을 연두색 별종이로 붙인다.

2) 만드는 방법 — 나뭇잎

① 따로 잘라놓은 나뭇잎에도 별종이로 붙인다.
② 첫 번째 나뭇잎 완성 모습

②

⑤ 두 번째 나뭇잎도 별종이를 잘라 붙인다.
⑥ 두 번째 나뭇잎 완성 모습

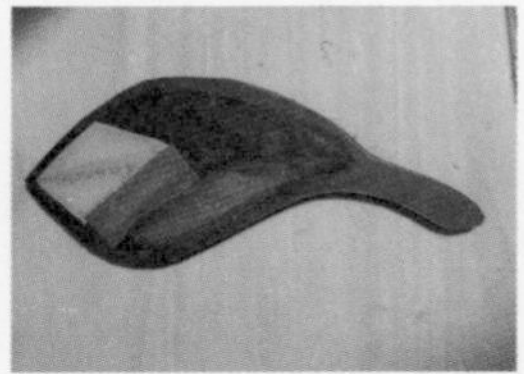

⑥

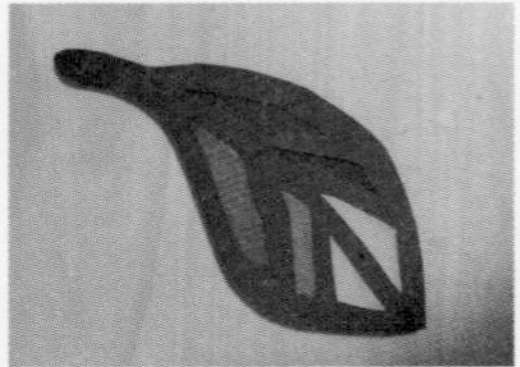

⑦ 세 번째 나뭇잎도 같은 방법으로 붙인다.
⑧ 세 번째 나뭇잎 완성 모습

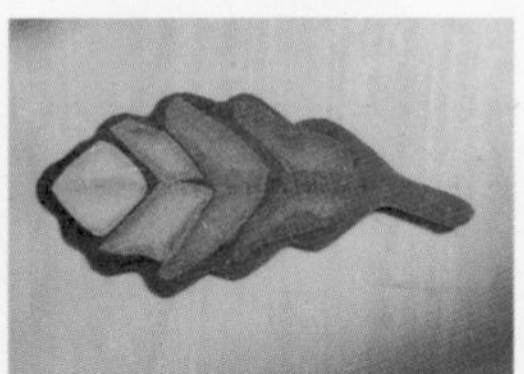

⑧

3) 만드는 방법 — 호박과 나뭇잎

① 완성한 나뭇잎 3개를 호박에 어떻게 붙일지 위치를 정하고 하나씩 붙인다.
② 두 번째 나뭇잎 붙인 모습
③ 세 번째 나뭇잎 붙인 모습
④ 첫 번째 나뭇잎 붙인 모습
⑤ 완성(창문에 붙인 모습)

1) 유의점	- 호박의 크기를 고려하여 나뭇잎의 크기를 결정함. - 안쪽에 잘라낼 부분이 많으므로 일반 커터칼보다는 전문가용 칼을 이용함. - 주황색 별종이로 호박을 만들 때 구멍을 부분적으로 잘라 붙이지 않고 한꺼번에 붙이는 방법도 있다. 대신 별종이 크기가 그만큼 커야 함. 크기가 큰 별종이가 있다면 호박의 전체 모양을 잘라서 붙이기가 더 쉽다. 큰 종이가 없다면 위의 과정처럼 부분적으로 잘라서 붙이도록 한다.

실천사례

앞 장 부터 순서대로
세종 강민주 선생님 / 제주 변경옥 선생님/
강원 김주미 선생님 / 경남 모미경 선생님

경기 박소영 선생님 / 충북 이현하 선생님 /
광주 백형진 선생님 / 강원 민은경 선생님

11월

영혼을 살찌우는 아름다운 노래

일곱 난쟁이

우 리 는 일 곱 난 쟁 이 아 침 부 터 저
강 한 망 치 로 탕 탕 탕 단 단 한 바 위
녁 까 지 바 위 산 을 깎 아
두 들 겨 밝 은 보 물 찾 아

대상: 2학년 이하

참고 음원 출처: www.youtube.com/shorts/duJkg70pEVo

November

Text: Elizabeth Gmeyner
Music: Elizabeth LeBeret

대상: 3학년 이상

참고 음원 출처: www.youtube.com/shorts/-nEitd6g6S8

5부

겨울

12월, 1월, 2월

지구는 어둡고,
사방이 어둡습니다.
파랑, 초록, 노랑, 빨강의 빛 촛불로
우리의 마음을 지켰습니다.
밝게 타오르게 하소서,
당신은 멀리 있는 길을 빛날 수 있습니다,
그러면 언젠가 지구가
별이 됩니다.

겨울, 12월

12월에
계절탁자 꾸미기

12월은 '탄생'에 맞추어 꾸며 놓는다.

경남 김은정 선생님 /광주 남옥인 선생님 /경남 모미경 선생님

위에서부터 순서대로
강원 민은경 선생님 / 세종 강민주 선생님 / 경기 박소영 선생님 /
충북 이상미 선생님 / 강원 김주미 선생님 / 경남 우진영 선생님 /
제주 변경옥 선생님

다른 나라 사례

독일 발도르프학교 / 루마니아 발도르프학교 /
이탈리아 발도르프학교 / 스웨덴 발도프학교 /
이탈리아 발도르프학교 / 독일 발도르프학교

장식 만들기

눈 결정체 모빌 만들기

- 준비물: 별종이, 가위, 딱풀, 매달 수 있는 가는 실

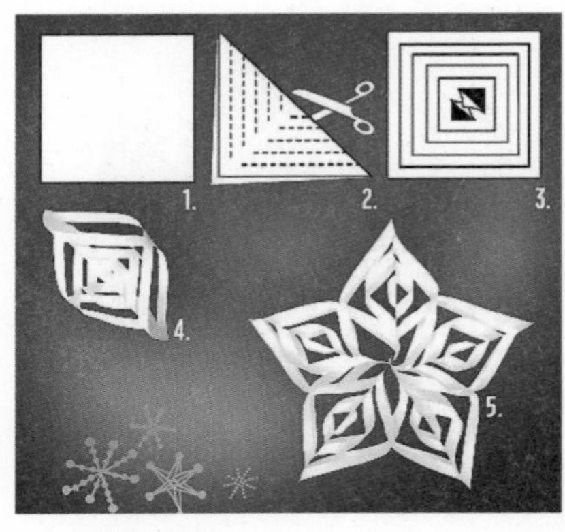

www.mudandbloom.com/blog
/3d-paper-snowflake

제주 변경옥 선생님 /
경남 김유진 선생님

입체 오각형 별 만들기 [1], [2]

황금 호두 양초 만들기 [3]

말린 귤(오렌지)로 장식하기 [4]

1) 경남 모미경 선생님
2) 습식 머메이드종이를 이용하면 좋다.
3) 천연 밀랍을 이용해서 반 아이들과 만들어 보면 좋다.
4) 경기 박소영 선생님

12월에
창문 꾸미기

금화가 된 소녀

- 준비물: 별종이 색깔별로

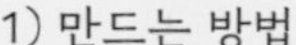

1) 만드는 방법

① 도안 그리기
② 칼로 오리기
③ 바탕 노란색 붙이기
④ 별 모양 잘라서 별 붙이기

경기 홍수정 선생님

경남 모미경 선생님

천사 접기

- 준비물: 딱풀, 가위, 컴퍼스

1) 천사 드레스 - 빨강 별종이 (11m × 11cm 3장,
8cm × 8cm 3장, 5cm × 5cm 2장)

2) 천사 날개 - 하얀 별종이(8cm × 8cm, 4장)

3) 천사 얼굴 - 흰색, 레몬노랑, 황금노랑, 갈색 조금

경남 모미경 선생님

준비물

1) 만드는 방법 — 날개

① 정사각형 종이를 대각으로 한 번 접어 펼친다.
② 대각선 중심점에 닿도록 양쪽 꼭짓점을 접는다. (풀칠 조금)
③ 대각선에 맞추어 양쪽을 그림과 같이 접는다.(4장)
④ 중심선만큼 겹치도록 두 장씩 붙여준다.

2) 만드는 방법 — 망토

① 날개와 같은 방법으로 11m × 11cm 3장, 8cm × 8cm 3장, 5cm × 5cm 2장 모두 접는다.
② 3장을 붙일 때는 가운데 종이의 중심선에 맞추어 양쪽에 하나씩 연결 한다.
(망토의 입체감이 살도록 연결 부분만큼 풀칠을 한다.)
③ 11cm × 11cm 3장 위에 8cm × 8cm 3장을 전체가 아닌 윗부분만 풀칠하여 겹쳐 붙인다.
④ 날개를 붙인다. 중심선보다 덜 겹치게, 날개의 윗부분이 직선에 가깝게 붙인다.
⑤ 5cm × 5cm 2장을 반소매처럼 붙여준다.

3) 만드는 방법 — 얼굴

① 하얀 색 500원 크기,
레몬노랑 100원 크기,
황금노랑 50원-100원 크기로
오려서 겹친다.
② 머리카락 부분을 오려 붙여 완성한다.

광주 백형진 선생님 /
강원 민은경 선생님 /
강원 김주미 선생님

소나무 접기

경북 박소은 선생님 /
강원 민은경 선생님 /
경남 김유진 선생님

영혼의 별 접기

1) 만드는 방법

강원 민은경 선생님

춤추는 별 접기

눈꽃 별 접기

- 준비물: 흰색 별종이, 8cm × 8cm 4장(집에도 꾸밀 경우 추가 4장), 가위, 딱풀, 자

광주 남옥인 선생님

눈 결정체 만들기

- 준비물: 별종이, 딱풀, 가위

※ 자르는 모양에 따라서 수천가지 눈 결정체를 만들어 낼 수 있다.

12월

영혼을 살찌우는 아름다운 노래

Light The Advent Candle

Light the Ad - vent can - dle one, Now the wait - ing has be - gun.
Light the Ad - vent can - dle two, Think of hum - ble shep - herds who,
Light the Ad - vent can - dle three, Think of heaven - ly har - mon - y.
Light the Ad - vent can - dle four. Think of Joy for - ev - er more.
We have start - ed on our___ way, Time to think of Christ - mas day.
Filled with won - der at the___ sight, Of the child on Christ - mas night.
An - gels sing - ing "Peace on___ Earth" At the Bles - sed Sav - ior's birth.
Christ child in a stab - ble___ born, Gift of love that Christ - mas morn.
Can-dle, can-dle, bur - ning bright, Shine-ing in the cold wint-er night. Can-dle, can-dle
bur - ning bright, Fill our hearts with Christ - mas light.

대상: 4학년 이상

참고 음원 출처: www.youtube.com/watch?v=ran3DDt_adU

겨울, 1월과 2월

1월과 2월에 계절탁자 꾸미기

1월과 2월은 '눈'에 맞추어 꾸며 놓는다.
국내 초등학교 경우 12월말이나 1월초에
대부분 학교들이 종업식과 졸업식을 하기 때문에
여기에는 다른 나라 사례를 참고로 소개해 놓았다.
외국 학교들은 우리와 달리 대부분이 9월부터
새로운 학기가 시작되기 때문에,
1월과 2월에도 학사일정을 진행한다.

다른 나라 사례

네덜란드 발도르프학교 /
덴마크 발도르프학교 /
독일 발도르프학교 5학년 교실 모습

참고문헌

참고문헌

김용근(1994). 우리들은 환경파수꾼. 푸른나무

김용근(2003). 기질을 알면 교육이 보인다. 발도르프 관련 자료집

김용근(2005). 발도르프학교 교육과정의 연구와 우리나라 초등교육에 적용방안 모색: 실제 적용과 실천을 중심으로.

김용근(1993-2005), 아이들만이 희망 1호-72호. http://www.waldorf.co.kr.

김용근(2001). 형태그리기의 이론과 실제 1-5학년 자료집.

김용근(2004). 1학년 아이들에게 꼭 들려주어야 할 옛이야기-자료집

김용근(2004). 1학년 아이들에게 꼭 들려주어야 할 수학동화-자료집

김용근(2004). 유아와 7살 아이들에게 꼭 들려주어야 옛이야기-자료집

김용근(2014). 선생님은 살아있는 교육과정이다. 물병자리

김용근(2016). 아이들이 살아있는 교육과정. 물병자리

김용근(2021). 1학년 아이들에게 꼭 가르쳐야 할 형태그리기. 아지트

김용근. https://band.us/(연필색연필방법론+계절탁자 꾸미기) 밴드

프란스 칼그렌, 아르네 클링보르그 공저(2009). 『자유를 향한 교육』. 서울:섬돌출판사

Johann Wolfgang von Goethe, 권오상 역(2003). 『자연과학론』.민음사

Jaffke, Freya. Play With Us: Social Games for Young Children (WECAN, 2015)

Steiner, Rudolf. The Festivals and Their Meaning, Rudolf Steiner (Rudolf Steiner Press, 2008).

Steiner, Rudolf. The Four Seasons and the Archangels (Rudolf Steiner Press, 2008).

Steiner, Rudolf(1971). Theosophy. Trans. Monges Henry B. New Your: Anthroposophy Press

Thekla Thome, Waldorfschule? Waldorfschule, Verlag: Books on Demand 2011

Aulie, Jennifer and Margret Meyerkort (Eds.). Spring; Summer; Autumn; Winter; Spindrift; and Gateways (a series of six collections of poems, songs and stories for young children), Stourbridge, UK: Wynstones Press, 1999. Also, Songs of Sunfield, currently out of print.

Foster, Nancy. Let Us Form a Ring: An Acorn Hill Anthology, Silver Spring, MD: Acorn Hill Children's Center, 1989.

Foster, Nancy. Dancing As We Sing: Seasonal Circle Plays & Traditional Singing Games, Silver Spring, MD: Acorn Hill Children's Center, 1999.

Harwood, A.C. The Way of a Child. Rudolf Steiner Press, 7th edition, 1998 (originally published 1940).

Steiner, Rudolf. Education for Special Needs (The Curative Education Course). Rudolf Steiner Press, 4th edition, 1999.

Steiner, Rudolf. Education for Adolescents. Anthroposophic Press, 1996.

Steiner, Rudolf. Eurythmy: An Introductory Reader. Sophia Books, 2007. (Includes Lecture 1 from Eurythmy as Visible Speech.)

Steiner, Rudolf. Understanding Young Children, Excerpts from Lectures compiled for Kindergarten Teachers, Waldorf Early Childhood Association, 1993.

<계절탁자 꾸미기>, <창 꾸미기>, <노래와 리코더 곡>은 미래 교육이다. 의지는 미래다. 의지가 있어야 즉 행하기가 있어야 이 모든 것을 실천할 수 있다. 또한, 교실에 계절(절기)마다 이에 맞게 계절탁자를 꾸며 놓는 것은 담임교사의 심미안과 부지런함을 엿볼 수 있다. 보석 같은 선생님들의 실천 결과물을 정리해서 책으로 엮을 수 있다는 그것 자체가 내게는 큰 행운이다.

아울러 책이 나오기까지 많은 격려와 힘이 되어준 우리 가족 (아내 신명화와 큰딸 수린, 막내딸 하린)에게 고마움을 전합니다.

자료 제작에 많은 도움을 준
- 경남 우진영 선생님, 홍의화 선생님, 김은정 선생님, 배유진 선생님, 조미경 선생님, 김유진 선생님, 모미경 선생님
- 부산 이미지 선생님
- 경기 홍수정 선생님, 박소영 선생님, 이영애 선생님, 이성경 선생님
- 충남 고동연 선생님
- 충북 이현하 선생님, 이상미 선생님
- 대구 곽성숙 선생님
- 강원 민은경 선생님, 김주미 선생님
- 광주 한정화 선생님, 박주희 선생님, 백형진 선생님, 남옥인 선생님, 장은주 선생님
- 제주 변경옥 선생님
- 경북 박소은 선생님
- 세종시 강민주 선생님

들과 휴직중에도 음악관련 악보를 모두 다시 작업을 해주신 광주 조한아름 선생님께 깊은 고마움을 전합니다. 선생님들과 소중한 인연이 아니었다면 이 책이 세상에 나올 수 없었습니다. 아울러 혹독한 출판 불황 시대에 어려운 여건임에도 우리 교육의 변화를 위해 출판을 허락해주신 출판사 아크루파이의 관계자 분들께 고마운 마음을 전합니다.

2023년 2월
김용근

계절탁자와 창 꾸미기

—

교실과 거실의 공간 변화를 위한
교사와 학부모 지침서

발행일 초판 1쇄. 2023년 3월 15일

발행 아크루파이
엮은이 김용근
편집·디자인 취그라프
제작 세라컴

ISBN 979-11-979085-9-0 03370
가격 19,000원

아크루파이

주소 03961 서울특별시 마포구
방울내로9길 11, 2층
전화 02-332-9507
팩스 02-334-9507
이메일 acrufigh@chuigraf.kr
웹사이트 www.acrufigh.kr